El perdón radical

COLIN TIPPING

El perdón radical

Un proceso revolucionario en cinco etapas para:
- *Sanar las relaciones personales*
- *Soltar la ira y la culpabilidad*
- *Encontrar la paz en cualquier circunstancia*

EDICIONES OBELISCO

Si este libro le ha interesado y desea que le mantengamos informado
de nuestras publicaciones, escríbanos indicándonos qué temas son de su interés (Astrología,
Autoayuda, Ciencias Ocultas, Artes Marciales, Naturismo, Espiritualidad, Tradición...)
y gustosamente le complaceremos.

Puede consultar nuestro catálogo en www.edicionesobelisco.com.

Colección Nueva Conciencia
EL PERDÓN RADICAL
Colin Tipping

1.ª edición: octubre de 2010

Título original: *Radical Forgiveness*

Traducción: *Dolores Lucía*
Maquetación: *Marga Benavides*
Corrección: *M.ª Jesús Rodríguez*
Diseño de cubierta: *Enrique Iborra*

© 2009, Colin Tipping
(Reservados todos los derechos)
Originalmente publicado en inglés por Sounds True, USA (www.soundstrue.com)
Edición española publicada por acuerdo con BOOKBANK Ag. Lit., Madrid
© 2010, Ediciones Obelisco, S. L.
(Reservados los derechos para la presente edición)

Edita: Ediciones Obelisco, S. L.
Pere IV, 78 (Edif. Pedro IV) 3.ª planta, 5.ª puerta
08005 Barcelona - España
Tel. 93 309 85 25 - Fax 93 309 85 23
E-mail: info@edicionesobelisco.com

Paracas, 59 - Buenos Aires
C1275AFA República Argentina
Tel. (541 - 14) 305 06 33
Fax: (541 - 14) 304 78 20

ISBN: 978-84-9777-677-6
Depósito Legal: B-32.497-2010

Printed in Spain

Impreso en España en los talleres gráficos de Romanyà/Valls S. A.
Verdaguer, 1 - 08786 Capellades (Barcelona)

A la memoria de

Diana, Princesa de Gales,
quien demostró el poder transformador del Amor,
abrió el chakra del corazón de Gran Bretaña
y el de muchas personas en el mundo.

Agradecimientos

ANTE TODO, deseo expresar mi gratitud y amor a mi esposa JoAnna por creer en mí y apoyarme de manera incondicional en la escritura de este libro, incluso cuando los tiempos se pusieron difíciles. También tengo una deuda especial de gratitud con mi hermana Jill y mi cuñado Jeff por permitirme publicar una historia muy personal que añade valor a este libro. Asimismo doy las gracias a la hija de Jeff, Lorraine, y a mi propia hija, que también se llama Lorraine, por el mismo motivo, así como a todos los miembros de la familia de Jill y de Jeff que aceptaron leer el libro y ver lo mejor en cada uno de los protagonistas de «La historia de Jill».

Agradezco a mi hermano John, testigo del despliegue de esta historia, su paciencia y apoyo; a Michael Rice en particular su inspiración y participación para la creación de la primera versión de la plantilla de trabajo para el perdón y doy las gracias a Michael Patent por iniciarme en las leyes espirituales.

Numerosas personas han contribuido de manera significativa a la creación de este libro y a la divulgación del mensaje del Perdón Radical, y doy gracias cada día por cada una de ellas. Gracias a todos mis diplomados del Instituto de Perdón Radical que lo viven y lo logran en su vida personal y como instructores. Gracias especiales a Debi Lee por permitirme contar su historia al mundo y a Karen Taylor-Good cuyas canciones y voz añaden un tono excepcional y maravilloso a todos mis talleres, y más aún cuando lo hace en vivo. Mi aprecio más profundo para mis colaboradores y colegas del Radical Forgiveness Therapy and Coaching Inc. Finalmente, expreso mi amor y gratitud a mi madre y a mi padre por elegir tenerme y aceptar mi petición de encarnarme gracias a ellos.

Introducción

EN CUALQUIER dirección en la que miremos, en los periódicos, la televisión e incluso en nuestro entorno, vemos flagrantes ejemplos de víctimas. Leemos, por ejemplo, que al menos cuatro de cada cinco adultos en Estados Unidos sufrieron maltrato físico o abusos sexuales durante su infancia. Los informativos confirman que las violaciones y los asesinatos están a la orden del día en nuestra sociedad y los delitos contra las personas y la propiedad se multiplican. Constatamos que la tortura, la represión, la encarcelación, el genocidio y los conflictos armados se producen a gran escala.

Desde que empecé a dirigir talleres de perdón, retiros para enfermos de cáncer y seminarios en entorno laboral a principios de los años noventa, he tenido ocasión de escuchar tantas historias terribles de personas corrientes que estoy convencido de que no existe un solo individuo en el mundo que no haya sido víctima grave al menos una vez, y víctima leve más veces de las que puede recordar. ¿Y quién de nosotros puede afirmar que nunca ha juzgado con severidad a otra persona por su infelicidad? Para la mayoría si no todos condenando es como vivimos.

El arquetipo de víctima tiene raíces profundas en el ser humano y ejerce un gran poder sobre la conciencia colectiva. Durante eones hemos representado nuestro papel de víctima en todos los aspectos de nuestra vida, convenciéndonos de que la conciencia de ser una víctima es fundamental en la condición humana.

Pero ha llegado el momento de hacernos la siguiente pregunta: ¿cómo podemos dejar de construir nuestra vida sobre este modelo y así deshacernos del arquetipo de víctima?

Para liberarnos de tan poderoso arquetipo debemos sustituirlo por algo radicalmente distinto; algo tan convincente y tan liberador para el espíritu que su magnetismo nos aleje del arquetipo del victimismo. Necesitamos un elemento que nos lleve más allá del drama de nuestras vidas para que podamos ver el lienzo entero y la verdad que, de momento, permanece oculta para nosotros. Cuando despertemos a esa verdad, comprenderemos el verdadero significado de nuestro sufrimiento y seremos capaces de transformarlo inmediatamente. A medida que nos adentramos en el nuevo milenio y nos preparamos para el próximo e inminente gran salto en nuestra evolución espiritual, es esencial que adoptemos un modo de vivir que no esté basado en el miedo, el afán de control y el abuso de poder, sino en el auténtico perdón, el amor incondicional y la paz. Es lo que entiendo por radical y, en definitiva, de eso trata mi libro, de ayudarnos a realizar esa transición.

Para transformar algo antes tenemos que vivenciarlo plenamente. Esto significa que para transformar el arquetipo de víctima, hemos de experimentar plenamente el victimismo. ¡No hay atajo que valga! Por lo tanto, necesitamos situaciones en nuestras vidas que nos permitan sentirnos victimizados y así poder transformar esa energía mediante el perdón radical.

La transformación de un patrón energético tan fundamental como el arquetipo de víctima exige que muchas personas despierten y acepten que ésa es su misión espiritual; almas que poseen la sabiduría y el amor necesarios para llevar a cabo esa ingente labor. A lo mejor eres una de las almas que se ofrecieron voluntarias para esta misión, quizá sea la razón por la cual este libro te llama la atención.

Jesús demostró con contundencia lo que significa transformar el arquetipo de víctima, y estoy convencido de que espera paciente y amorosamente a que sigamos sus pasos. De momento, no hemos aprendido de su ejemplo precisamente porque el arquetipo de víctima está anclado con fuerza en nuestra psique.

Hemos ignorado la lección de auténtico perdón que Jesús nos enseñó y ésta es que no hay víctimas. Nos quedamos a medio camino intentando perdonar y, al mismo tiempo, firmemente determinados a ser víctimas. Hemos convertido a Jesús en la suprema víctima. Esto no nos ayudará a avanzar en nuestra evolución espiritual. El verdadero perdón supone liberarse por completo de la conciencia de víctima.

Mi principal intención al escribir este libro era aclarar la distinción entre el perdón que perpetúa el arquetipo de víctima y el perdón radical que nos libera de él. El perdón radical nos propone el desafío de transformar por completo nuestra percepción del mundo y nuestra interpretación de los acontecimientos, con el fin de dejar de ser víctimas. Mi meta es ayudarte a lograr este cambio.

Reconozco que las ideas que presento pueden resultar muy chocantes para las personas que han sido gravemente victimizadas y están todavía inmersas en un gran dolor. Sólo te pido que leas con una mente abierta y que compruebes si después te sientes mejor o no.

Mientras escribo la introducción para esta segunda edición del libro, puedo decirte que los testimonios que me han llegado de mis lectores y de los participantes en mis talleres son sumamente positivos. Incluso personas que han sufrido muchísimo en el plano emocional durante años afirman que este libro ha tenido un efecto increíblemente liberador y sanador sobre ellas, y que los talleres les han transformado.

También ha resultado sorprendente y gratificante que «La historia de Jill» del capítulo I, haya generado sanaciones espontáneas en muchísima gente. Al principio, pensé que esa historia me servía de hilo conductor para introducir los conceptos y las ideas en torno al perdón radical. Ahora reconozco que el Espíritu es sabio y que guió mi mano durante todo el camino pues recibo muchas llamadas, incluso de personas que aún están llorando de emoción tras leer la historia. Me dicen que se ven reflejadas en ella y sienten que su curación ya ha comenzado. Muchas siguen su impulso de compartir esa experiencia con otras personas, escribiéndola y reenviándola por correo electrónico desde la página web a sus amigos, familiares y colegas de trabajo. ¡Una maravillosa reacción en cadena!

Siempre agradeceré a mi hermana y a mi cuñado permitirme contar su historia y hacer este regalo al mundo.

Me siento abrumado por todas las respuestas que he recibido acerca del libro y para mí, cada vez, es más evidente que soy un instrumento del Espíritu para la difusión de este mensaje a fin de que todos podamos sanar, elevar nuestra vibración y volver a casa. Me inunda la gratitud por ser de utilidad en este sentido.

Namasté
COLIN TIPPING

Primera parte

Una sanación radical

1 La historia de Jill

Nota:

Para ayudarte a comprender lo que llamo Perdón Radical, te presento el fiel relato de cómo este proceso salvó el matrimonio de mi hermana Jill y cambió su vida. Desde entonces, el Perdón Radical ha tenido un impacto positivo en la vida de innumerables personas porque poco después de que a mi hermana le sucediera este episodio caí en la cuenta de que el proceso podía servir como un método de ayuda en sí, bastante diferente de la psicoterapia tradicional y del asesoramiento en relaciones personales.

COLIN TIPPING

En cuanto apareció mi hermana en el aeropuerto de Atlanta supe que algo iba mal. Nunca ha sabido ocultar sus sentimientos y era evidente que sufría emocionalmente.

Jill había volado desde Gran Bretaña a Estados Unidos en compañía de nuestro hermano John, al que yo no veía desde hacía dieciséis años. Él había emigrado de Inglaterra a Australia en 1972 y yo a Estados Unidos en 1984. Por lo tanto, Jill era y sigue siendo la única de los tres hermanos que reside en Inglaterra. John había estado en nuestro país y Atlanta era la última escala en su viaje de vuelta. Jill lo acompañó a Atlanta para verme junto con mi esposa JoAnna durante un par de semanas y desde ahí despedirse de John que volvía a Australia.

Después de los primeros abrazos y besos algo apurados salimos hacia el hotel. Había reservado una noche de hotel para enseñarles la ciudad al día siguiente antes de llevarles en coche al norte de Atlanta, a nuestra casa.

A la primera oportunidad de conversación seria, Jill espetó: «Colin, las cosas no van bien en casa, Jeff y yo tal vez nos separemos».

A pesar de haber notado que mi hermana tenía algún problema esta noticia me sorprendió. Siempre me había parecido que, tras seis años, ella y Jeff eran felices en su matrimonio. Ambos habían estado casados anteriormente, pero esta relación parecía sólida. Jeff tenía tres hijos de su primera esposa, Jill tenía cuatro de su anterior matrimonio. El benjamín, Paul, era el único que todavía vivía en casa.

—¿Qué ocurre? –pregunté.

—Bueno, todo es bastante raro y no sé por dónde empezar –me contestó Jill–. Jeff se comporta de una manera muy extraña y no aguanto más. Hemos llegado al punto en que somos incapaces de hablar el uno con el otro. Esto me está matando. Se ha distanciado de mí y dice que es culpa mía.

—Háblame de ello –le dije, mirando de reojo a John, que me contestó entornando los ojos. Él había pasado una semana en casa de Jill y Jeff antes de volar a Atlanta, y por su reacción entendí que ya tenía su dosis de esta historia.

—¿Recuerdas a Lorraine, la hija mayor de Jeff? –preguntó Jill, y asentí–. Resulta que su marido se mató en un accidente de coche hace un año. Desde entonces ella y Jeff han desarrollado una relación muy extraña. En cuanto ella llama, él se vuelve zalamero, llamándola amor y se pasa horas hablando con ella en voz baja. Parecen dos enamorados en lugar de un padre y una hija. Si él está ocupado y Lorraine llama, lo deja todo para hablar con ella. Cuando viene a casa, él se comporta de la misma manera e incluso peor. Se atrincheran en una conversación seria y en un cuchicheo que excluye a todos los demás y en especial a mí. Es insoportable. Siento que Lorraine se ha convertido en el centro de la vida de Jeff donde difícilmente queda lugar para mí. Me siento relegada e ignorada.

Jill volvió una y otra vez sobre el tema con más detalles sobre la extraña dinámica familiar que se había desarrollado. JoAnna y yo escuchamos con atención. Nos extrañamos abiertamente sobre las causas del comportamiento de Jeff y en general demostramos empatía. Le hicimos algunas sugerencias de cómo hablar con él acerca de su comportamiento y, sobre todo, nos esforzamos en encontrar soluciones, tal como lo habrían hecho cualquier hermano y cuñada preocupados. John también procuró apoyarla y darle su propia perspectiva de la situación.

Lo que me parecía extraño y sospechoso es que todo eso no era propio de Jeff. El Jeff que yo conocía era muy afectuoso con sus hijas y lo bastante dependiente para necesitar su aprobación y su amor, pero nunca le había visto actuar como Jill decía. Siempre se había mostrado muy cariñoso y atento con Jill. De hecho, me costaba creer que podía tratarla con tanta crueldad. Me fue fácil entender por qué esta situación hacía infeliz a Jill, y cómo la insistencia de Jeff en decir que todo eran imaginaciones suyas no hacía más que empeorar las cosas para ella.

La conversación continuó durante todo el día siguiente, y empecé a hacerme una idea de lo que podía estar pasando entre Jill y Jeff desde la perspectiva del perdón radical, pero decidí no mencionarlo, por lo menos no de forma directa. Jill estaba demasiado atrapada por el drama de la situación y no habría podido escuchar ni entender lo que tenía que decirle. El Perdón Radical se basa en un punto de vista espiritual muy amplio que no era nuestra realidad común ni cotidiana cuando aún vivíamos todos en Inglaterra. Convencido de que ni ella ni John estaban al tanto de mis creencias en la base del perdón radical, me pareció que aún no había llegado el momento de introducir un pensamiento tan transgresor que afirma que a pesar de cómo están las cosas, todo puede llegar a ser perfecto y a constituir una oportunidad de sanación.

Aun así, después de hablar y darle muchas vueltas al problema durante dos días, decidí que se acercaba el momento de probar el enfoque del perdón radical. Para ello, era preciso que mi hermana se abriera a la posibilidad de que algo ocurría más allá de lo obvio; algo con un propósito, divinamente orientado y generado en pos de su bien supremo.

Como estaba tan entregada a ser la víctima de la situación, yo no estaba seguro de cómo iba a acoger una interpretación del comportamiento de Jeff que la iba a destronar de ese papel. Pero, justo cuando mi hermana empezaba a repetir lo que ya había dicho el día anterior, me decidí a intervenir. A modo de tentativa le dije:

—Jill, ¿estarías dispuesta a considerar la situación de un modo distinto? ¿Estarías abierta a que te dé una interpretación bastante diferente de lo que está pasando?

Me miró desconcertada, como preguntándose: «¿Qué otra interpretación puede haber? ¡Así están las cosas!

No obstante, resulta que Jill y yo compartimos el tirón de un recuerdo. En el pasado yo le había ayudado a resolver un problema de relación, por lo que confió en mí lo suficiente para decir:

—Bueno, supongo que puede haber otra. ¿Qué tienes en mente?

Ésta era la puerta abierta que yo estaba esperando.

—Lo que voy a decirte te parecerá extraño, pero intenta no cuestionarlo hasta que haya terminado. Sólo procura permanecer abierta a la posibilidad de que lo que esté diciendo sea cierto y comprueba si de algún modo tiene sentido para ti.

Hasta aquel momento, y después de esforzarse en prestar toda su atención a Jill, John había llegado al punto en que las conversaciones repetitivas acerca de Jeff le empezaban a aburrir soberanamente y andaba bastante desconectado. Sin embargo, me di perfecta cuenta de que mis palabras habían tenido como efecto despertarle de golpe y que empezaba a escuchar de nuevo.

Empecé diciendo:

—No cabe duda de que lo que nos has contado, Jill, es la verdad como tú la ves. No tengo la más mínima duda de que todo ocurre tal como lo dices. Además John ha sido testigo de esta situación durante las últimas tres semanas y puede confirmar tu historia, ¿verdad John? –pregunté girándome hacia mi hermano.

—Totalmente –contestó John–, lo he presenciado varias veces tal como lo cuenta Jill. Pensé que todo era muy extraño y, sinceramente, la mayor parte del tiempo me he sentido muy incómodo durante mi estancia allí.

—No es de extrañar —dije—. De todas formas, Jill, quiero que sepas que nada de lo que voy a decir contradice lo que tú has dicho ni invalida tu historia. Estoy seguro de que ocurrió tal como dices. Sin embargo, permíteme darte una pista de lo que quizás subyace en esta situación.

—¿Qué quieres decir con esto de lo que subyace en esta situación? —preguntó Jill mirándome con recelo.

—Es completamente natural pensar que todo lo que hay ahí afuera es todo lo que hay en realidad —le expliqué—, pero quizá esté ocurriendo un mundo de cosas por debajo de esta realidad. No percibimos que algo más esté sucediendo porque nuestros cinco sentidos no son aptos para esta función. Pero esto no significa que no ocurra. Mira tu situación. Tú y Jeff tenéis ese drama en marcha. Hasta aquí todo está claro. Pero ¿y si por debajo del drama estuviese ocurriendo algo más espiritual; las mismas personas y los mismos acontecimientos pero con un significado totalmente distinto? ¿Y si vuestras almas estuvieran ejecutando el mismo baile pero sobre melodías distintas? ¿Y si tras el baile se produjera tu sanación? ¿Y si pudieras ver esto como una oportunidad de sanar y crecer? ¿A que la interpretación sería completamente distinta?

Tanto ella como John me miraban ahora como si estuviese hablando otro idioma. Decidí retraerme de las explicaciones y pasar directamente a la experimentación.

—Jill, si consideras los últimos tres meses, ¿cuál ha sido tu sentimiento dominante al ver a Jeff comportándose tan amorosamente con su hija Lorraine?

—Sobre todo ira —dijo ella, pero siguió pensando y añadió—: frustración —y tras una larga pausa—, tristeza. Me sentí realmente triste.

Las lágrimas afloraron en sus ojos.

—Me siento tan sola y no amada —dijo, y empezó a sollozar suavemente—. No sería tan grave si pensara que no puede demostrar amor, pero puede y lo hace… ¡con ella!

Espetó las últimas palabras con vehemencia y rabia y se deshizo en sollozos incontrolables por primera vez desde su llegada. Por supuesto había dejado escapar alguna lágrima antes de eso pero nunca se había permitido llorar así. Al fin se estaba soltando. Me sentía satisfecho de que Jill fuera capaz de conectar con sus emociones con tanta rapidez.

Diez minutos pasaron antes de que remitiese su llanto y yo notara que podía hablar. Entonces le pregunté:

—Jill, ¿puedes recordar haber sentido lo mismo cuando eras una niña?

Sin la más leve vacilación, dijo:

—Sí.

Como la explicación de cuándo había sucedido eso no acababa de llegar le pedí que lo explicara. Le costó un buen rato contestar.

—¡Papá tampoco me quería! –soltó finalmente y empezó a sollozar de nuevo–. Yo quería que me amase pero no lo hacía. ¡Pensé que no era capaz de amar a nadie! Luego llegó tu hija, Colin. Él la amaba de verdad. Entonces, ¿por qué no podía quererme a mí? ¡Maldito sea!

Golpeó con fuerza la mesa con el puño mientras hablaba y se deshizo en un llanto aún más incontrolable.

Jill se refería a mi primogénita, Lorraine. Casualmente, o mejor dicho, sincrónicamente ésta y la hija mayor de Jeff llevan el mismo nombre. Llorar le sentó muy bien a Jill. Sus lágrimas le sirvieron de poderosa liberación y es probable que también de punto de inflexión. Un auténtico paso adelante podía no estar muy lejos, pensé, y tenía que animarla a proseguir.

Cuéntame lo que pasó con mi hija Lorraine y papá –le dije.

—Bueno –dijo Jill recobrando la compostura–, siempre me sentí no querida por papá y deseaba desesperadamente su amor. Fueron escasas las veces que me cogió de la mano o me sentó en su regazo. Siempre sentí que debía de haber algo malo en mí. Cuando crecí, mamá me dijo que creía que papá era incapaz de amar a nadie, ni siquiera a ella. En aquella época yo estaba más o menos en paz con esta cuestión. Razoné que si no era capaz de amar a nadie, entonces no era culpa mía que no me amara. La realidad debía de ser que no amaba a nadie. Ni siquiera por mis hijos, sus propios nietos, pareció sentir nada y menos aún por gente o niños que no eran de su familia. No era un mal padre, tan sólo no podía amar. Sentí lástima por él.

Jill lloró un poco más, tomándose su tiempo. Yo sabía a qué se refería al hablar de nuestro padre, quien era un hombre amable y noble, pero también muy callado y frío. En gran parte, era cierto que no parecía estar afectivamente disponible para nadie.

Jill se serenó y siguió hablando:

—Recuerdo un día en especial que estábamos en tu casa. Tu hija Lorraine debía tener cuatro o cinco años. Mamá y papá habían venido de visita desde Leicester y todos nos reunimos en tu casa. Vi cómo tu hija Lorraine cogió la mano de papá y le dijo: «Ven abuelo, voy a enseñarte el jardín y todas mis flores». Él se derritió dejándose llevar de la mano por ella, que no paraba de hablar, enseñándole todas las flores. Estaba encantado con ella. Yo les miraba todo el tiempo, detrás de los cristales. Cuando volvieron, la sentó en su regazo y se mostró juguetón y alegre como nunca lo había visto. Me sentí devastada. Por lo visto es capaz de amar después de todo, pensé. Si podía amar a Lorraine, ¿por qué no a mí?

Estas últimas palabras salieron como un suspiro de su boca, seguidas de un profundo y largo llanto de duelo y tristeza, lágrimas guardadas durante demasiados años. Consideré que ya habíamos logrado mucho y sugerí que nos preparásemos un té. ¡Al fin y al cabo somos ingleses y, pase lo que pase, tomamos té!

Al interpretar la historia de Jill desde el punto de vista del perdón radical me fue fácil detectar que el comportamiento en apariencia extraño de Jeff estaba diseñado a nivel inconsciente para servir de apoyo a Jill en la sanación de su relación no resuelta con nuestro padre. Si era capaz de verlo y de reconocer la perfección inherente al comportamiento de Jeff, podría curar su dolor y, sin lugar a dudas, el comportamiento de Jeff desaparecería. Sin embargo, en aquel momento yo no estaba muy seguro de cómo explicárselo a Jill de forma que pudiera entenderlo. Por fortuna ni siquiera tuve que intentarlo. Ella misma cayó en la cuenta de la obvia conexión. Un poco más tarde durante el día me preguntó:

—Colin, ¿no te parece curioso que la hija de Jeff y la tuya lleven el mismo nombre? Por cierto, las dos son rubias y primogénitas. ¡Qué extraña coincidencia! ¿Crees que existe una relación? —Solté una risa y contesté:

—Seguro, es la clave para entender toda la situación.

Jill me lanzó una mirada dura.

—¿Qué quieres decir?

—Desarróllalo tú misma —contesté.—.¿Qué otra similitud ves entre la situación con papá, mi hija Lorraine y tu situación actual?

—Bien, veamos —dijo Jill—, ambas chicas tienen el mismo nombre. Las dos han estado consiguiendo lo que yo parezco incapaz de conseguir de los hombres de mi vida.

—¿Qué? —pregunté.

—Amor —murmuró ella.

—Continúa —le sugerí suavemente.

—Por lo visto, tu hija Lorraine fue capaz de obtener de papá el amor que yo no pude conseguir. Y Lorraine, la hija de Jeff, tiene todo el amor que quiere de su padre pero a costa mía. ¡Oh, Dios mío! —exclamó Jill, que estaba empezando a entender—. Pero ¿por qué? No comprendo por qué. ¡Asusta un poco! ¿Qué diablos está pasando? —preguntó presa del pánico.

Había llegado el momento de juntar todas las piezas del puzle para ella.

—Mira Jill —dije—, permíteme explicarte cómo funciona esto. Da la casualidad de que es una ilustración perfecta de lo que estaba hablando antes cuando dije que por debajo del drama que llamamos la vida subyace una realidad totalmente diferente. Créeme, no hay por qué asustarse. Cuando veas cómo funciona todo esto, sentirás más confianza, más seguridad y más paz que jamás imaginaste ser posibles. Te darás cuenta de la maravillosa forma en que nos apoya el Universo o Dios, o como lo quieras llamar, en cada instante, cada día, sin importar cuán mala pueda parecer una situación dada —Lo expresé de la forma más reconfortante que pude—. Visto desde un punto de vista espiritual, nuestro malestar en cualquier situación es un aviso de que no estamos alineados con la ley espiritual y que se nos está proporcionando la ocasión de sanar algo. Puede tratarse de una pena original o de una creencia tóxica que nos impide dar paso a nuestro auténtico ser. Sin embargo, rara vez lo contemplamos desde este ángulo. Al contrario, juzgamos la situación y condenamos a los demás por lo que está ocurriendo. Esto nos impide ver el mensaje o entender la lección. Nos impide sanar. Si no sanamos lo que es necesario sanar, debemos crear más incomodidad hasta quedar literalmente forzados a preguntarnos: «¿Qué está pasando aquí?». A veces, el mensaje tiene que ser atronador o el dolor muy intenso para que le prestemos atención. Por ejemplo, una enfermedad que amenaza la vida proporciona un mensaje estridente. Pero incluso frente a la muerte, algunas personas no captan la relación entre lo que ocurre en sus vidas y la oportunidad de sanación que ofrece. En tu caso, lo que esta vez ha emergido es tu pena original con respecto a nuestro padre y el hecho de que nunca te demostró amor. Tu actual congoja e incomodidad no vienen de otra cosa. Este dolor específico surgió muchas veces y en diversas circunstancias, pero como no reconociste la oportunidad, nunca se operó su sanación. Así, tener una nueva ocasión de contemplar y sanar esta cuestión ¡es un regalo!

—¿Un regalo? –dijo Jill con expresión dubitativa–. ¿Quieres decir que es un regalo porque contiene un mensaje para mí? ¿Uno del que habría podido acusar recibo hace mucho tiempo de haber sido capaz de verlo?

—Sí –le dije–. Si lo hubieses visto entonces, te sentirías más cómoda y no estarías pasando por esto ahora. De todas formas no importa. También ahora está bien. Es perfecto y no tendrás que provocarte una enfermedad letal para entenderlo, como le pasa a mucha gente. Ahora lo captas, estás empezando a entender y a sanar. Déjame explicarte lo que realmente ocurrió y cómo ha afectado a tu vida hasta hoy –le dije, porque deseaba que entendiera claramente la dinámica de su situación actual–. De pequeña te sentiste abandonada y no amada por papá. Para una niña es devastador, desde el punto de vista del desarrollo es imprescindible sentirse amada por el padre. Como no sentiste ese amor, llegaste a la conclusión de que debía haber algún fallo en ti. Empezaste a creer que eras imposible de amar y, en consecuencia, insuficiente. Dicha creencia se ancló profundamente en tu subconsciente y, más tarde, en la esfera de las relaciones personales, empezó a dirigir tu vida. Dicho de otra manera, como medio para reflejar tu creencia inconsciente de que eres insuficiente, tu vida siempre ha incluido situaciones reales que ilustran tu insuficiencia. La vida siempre colabora confirmando tus creencias. Cuando eras una niña, el dolor por no obtener el amor de papá era más de lo que podías soportar, entonces suprimiste parte de la pena y reprimiste el resto. Cuando suprimes una emoción, sabes que aún está ahí pero la sofocas. Por otro lado, la emoción reprimida queda tan profundamente sepultada en la mente subconsciente que dejas de ser consciente de ella. Más tarde, cuando empezaste a darte cuenta de que nuestro padre no era un hombre naturalmente afectuoso sino a todas luces incapaz de amar a nadie, de alguna manera, comenzaste a rehabilitarte o a sanarte de los efectos de no sentirte amada por él. Probablemente, te liberaste un poco de la pena suprimida y desechaste en parte la creencia de no ser digna de amor. Al fin y al cabo, si no podía amar a nadie quizá no era culpa tuya que no te amara. Un día, estalló la devastadora revelación que te hizo caer en la desesperación y te devolvió a la casilla de salida. Cuando lo observaste cómo se mostraba amoroso con mi hija, tu creencia original se activó. Te dijiste a ti misma: «Mi padre puede amar después de todo, pero no me ama a mí. Obviamente, es culpa mía. Para mi padre no doy la talla y nunca daré la talla para ningún hombre». A partir de entonces, creaste continuamente en tu vida situaciones que respaldaban tu creencia de ser insuficiente.

—¿Cómo pude hacer esto? —me interrumpió Jill—. No veo de qué modo me he creado como un ser insuficiente.

—¿Cómo fue tu relación con Henry, tu primer marido? —le pregunté. Había estado casada con Henry, el padre de sus cuatro hijos, durante quince años.

—No mala en muchos aspectos pero era tan infiel… Siempre estaba buscando ocasiones para mantener relaciones sexuales con otras mujeres y yo no podía soportarlo.

—¡Ahí está! Y lo consideraste como el malo de la película, y tú eras la víctima en aquella situación. Sin embargo, la verdad es que lo atrajiste en tu vida precisamente porque, en alguna medida, sabías que él confirmaría tu creencia de no ser suficiente. Al ser infiel te daba la razón.

—¿Estás intentando decirme que me estaba haciendo un favor? ¡Al diablo si me trago esto! —dijo con una risa y al mismo tiempo una ira mal disimulada.

—Bueno, ¿acaso no apoyó tu creencia? —repliqué yo—. Eras tan insuficiente que iba a la caza de otras mujeres buscando algo más. Si hubiese actuado de la manera opuesta y te hubiese tratado como si fueras totalmente suficiente para él siéndote fiel, habrías creado cualquier otro drama en tu vida para confirmar tu creencia. Tu creencia sobre ti misma, a pesar de ser falsa, imposibilitaba que fueras suficiente a tus propios ojos. Por la misma regla de tres, si en aquel momento hubieses sanado tu pena original en relación con tu padre y cambiado tu creencia por la de «soy suficiente», Henry habría dejado de inmediato de hacer proposiciones a tus amigas. En caso contrario, te habrías sentido perfectamente feliz de dejarlo y de encontrar a otra persona que te tratase como la mujer suficiente que eres. Siempre creamos nuestra realidad de acuerdo con nuestras creencias. Si quieres conocer tus creencias, mira de qué está hecha tu vida. La vida siempre refleja nuestras creencias.

Jill se mostraba bastante perpleja, por lo que decidí repasar algunas de mis afirmaciones anteriores.

—Cada vez que Henry te traicionaba, te daba la oportunidad de sanar tu pena original de no ser amada por papá. Demostraba y ponía en escena tu creencia de que nunca ibas a ser suficiente para ningún hombre. Las primeras veces, es probable que te sintieras tan alterada y enojada que podrías haber entrado en contacto con tu pena original y descubierto tu sistema de creencias acerca de ti misma. Sus primeras infidelidades fueron tus primeras oportunidades de practicar el perdón radical y sanar tu pena original, pero te las perdiste. Lo seguiste convirtiendo a él en culpable y a ti en víctima, así no había sanación posible.

—¿Qué quieres decir con eso del perdón? –preguntó Jill aún preocupada–. ¿Me estás diciendo que debería haberle perdonado por seducir a mi mejor amiga y a todas las que encontró dispuestas?

—Estoy diciendo que en aquella época te proporcionó una oportunidad de entrar en contacto con tu pena original y de ver cómo una cierta creencia acerca de ti misma estaba dirigiendo tu vida. Al hacerlo te daba la oportunidad de comprender y modificar tu creencia, y de ahí sanar tu dolor original. Esto es lo que entiendo por perdón. ¿Puedes ver por qué Henry merece tu perdón, Jill?

—Sí, creo que sí –dijo–. Estaba reflejando mi creencia, la que creé al sentirme tan poco amada por papá. Me estaba dando la razón de que no soy suficiente. ¿Es esto?

—Sí, y por brindarte esta oportunidad merece crédito, en realidad más del que percibes en este momento. Si entonces hubieras llegado a sanar tu contencioso con papá no nos sería posible ahora saber si Henry habría modificado su comportamiento o si te habrías separado de él. En todo caso, te habría servido bien. Por lo tanto, en este sentido, no sólo merece tu perdón sino también tu profunda gratitud. ¿Y sabes qué? No fue culpa suya que no entendieras el verdadero mensaje que había detrás de su comportamiento. Sé que era difícil para ti ver que estaba tratando de hacerte un auténtico regalo. No es la forma en que nos enseñan a pensar. No nos enseñan a mirar los acontecimientos y decir: «¡Vaya lo que he creado en mi vida, qué interesante!». En lugar de eso se nos educa para juzgar, condenar, acusar, desempeñar el papel de víctima y buscar revancha. Tampoco se nos anima a pensar que nuestras vidas son dirigidas por otras fuerzas que las de nuestra mente consciente, sin embargo lo son. Para ser exactos, era el alma de Henry la que procuraba ayudarte a sanar. En superficie, Henry actuaba de acuerdo con su adicción sexual pero su alma, trabajando junto con la tuya, eligió utilizar esa adicción para tu crecimiento espiritual. El perdón radical no es otra cosa que reconocer este hecho. Su finalidad es vislumbrar la verdad más allá de las circunstancias aparentes de cierta situación y reconocer el amor que siempre entraña.

Sentí que hablar de su situación actual la ayudaría a comprender los principios que había descrito, por lo que dije:

—Volvamos a Jeff y veamos cómo operan estos principios en vuestra actual relación. En los primeros tiempos de vuestra relación, Jeff era muy amoroso contigo. Te mimaba, hacía cosas por ti, dialogaba contigo. A primera vista, la vida con Jeff era muy bonita. Pero recuerda que esto no coincidía con tu imagen de ti misma, tu creencia acerca de ti. Según ésta, no podías tener a un hombre que te demostrase mucho amor. No eres suficiente, ¿recuerdas? –Jill asintió con la cabeza, aunque perpleja y recelosa–. Tu alma sabe que has de sanar esta creencia, entonces, de alguna manera, se compincha con el alma de Jeff para concienciarte de ello. Por encima, parece que Jeff esté actuando de forma extraña y totalmente ajena a su temperamento. Te desafía amando a otra Lorraine, es decir, siguiendo el mismo guión que representaste con tu padre hace muchos años. Parece que te esté atormentando sin piedad y te sientes completamente desamparada y victimizada. ¿Describe esto más o menos tu actual situación?

—Eso parece –dijo Jill pausadamente. Frunció el ceño como intentando fijar la nueva imagen de su situación que se estaba formando en su mente.

—Veamos, ahí estas de nuevo, Jill, frente a dos alternativas. Has de decidirte entre tener razón o sanar y crecer – dije y le sonreí–. Si haces la elección que la gente suele hacer, elegirás ser una víctima y que Jeff sea el culpable, lo cual a su vez te da la razón. Al fin y al cabo, su comportamiento parece bastante cruel e irracional y no dudo de que muchas mujeres te apoyarían si respondes con alguna medida drástica. ¿No te han recomendado casi todas tus amigas que le abandones?

—Sí –respondió–, todo el mundo dice que rompa este matrimonio si Jeff no cambia. En realidad, pensé que eso es lo que me dirías tú también –dijo con un tono de decepción.

—Hace unos años, seguramente lo habría dicho –respondí riendo–, pero después de iniciarme en estos principios espirituales, mi manera de considerar estas situaciones ha cambiado totalmente, como puedes comprobar –dije con una mirada socarrona en dirección de John, que contestó con una sonrisa irónica pero no dijo nada–. Entonces, como puedes adivinar, la otra alternativa sería reconocer que por debajo de lo que parece estar ocurriendo en la superficie, algo más significativo y potencialmente reconfortante está en marcha. Esa otra elección consiste en aceptar que el comportamiento de Jeff contiene otro mensaje, otro significado o intención y que la situación contiene un regalo para ti.

Jill se quedó pensando un momento y después dijo:

—El comportamiento de Jeff es tan raro y retorcido que te costaría encontrar alguna buena razón para ello. Quizá esté ocurriendo algo más que aún no puedo ver. Supongo que es similar a lo que Henry estuvo haciendo, pero para mí resulta difícil verlo con Jeff porque en estos momentos me siento muy confusa, incapaz de ver más allá de lo que sucede.

—No es un problema –le dije con tono reconfortante–. Mira, no hay necesidad de entenderlo. Con estar dispuesta a contemplar la idea de que otra cosa está ocurriendo ya es un paso adelante gigantesco. De hecho, la voluntad de considerar la situación de un modo distinto es la clave de tu sanación. El noventa por ciento de la curación se opera en cuanto te abres a la idea de que tu alma ha creado amorosamente esta situación para ti. Al abrirte dejas de querer controlar y entregas la situación a Dios. Él se encarga del diez por ciento restante. Si realmente puedes entenderlo a un nivel profundo y abandonarte a la idea de que Dios se ocupará de ello por ti, si te vuelves hacia Él, no necesitarás hacer nada más. Tanto la situación como tu sanación serán tratadas automáticamente. Esto no impide que antes de dar este paso puedas perfectamente dar un paso racional que te permita ver enseguida las cosas de una forma distinta. Consiste en separar los hechos de la ficción. Significa reconocer que tus creencias no tienen fundamento concreto alguno. Se trata, sencillamente, de una historia que te has inventado, basándote en escasos hechos y en una sobredosis de interpretación. Es algo que hacemos constantemente. Vivimos un acontecimiento y elaboramos una interpretación de ello. Luego juntamos estas dos piezas para crear una historia bastante falsa acerca de lo que ocurrió en realidad. Dicha historia se convierte en una creencia que defendemos como si fuera la verdad. Nunca lo es, por supuesto. En tu caso, los hechos eran que papá nunca te abrazó, nunca dedicó tiempo a jugar contigo, nunca te cogió en brazos, nunca te sentó en su regazo. No respondió a tus necesidades de afecto. Éstos eran los hechos. Partiendo de ellos hiciste una crucial afirmación: papá no me quiere. ¿Cierto? –ella asintió con la cabeza–. Sin embargo, el hecho de que nunca respondió a tus necesidades no significa que no te quisiera. Esto es una interpretación. No era cierto. Era un hombre sexualmente reprimido y la intimidad le asustaba, eso ya lo sabemos. Quizá tan sólo no supiera expresar su amor de la manera en que tú querías recibirlo. ¿Te acuerdas de la grandiosa casa de muñecas que te construyó para unas navidades? Recuerdo haber visto a papá dedicarle incontables horas por las noches mientras dormías. Quizá ése fuera el único medio del que disponía para expresarte su amor. No le estoy justificando ni estoy descalificando tu valoración. Únicamente intento señalar de qué manera todos nos equivocamos al pensar que nuestras interpretaciones representan la verdad. Basándote en los hechos y tu primera interpretación «papá no me ama», tu siguiente gran suposición fue «es culpa mía, algo falla en mí». Ésta era una mentira aún más burda, ¿no te parece? –Jill asintió–. No es extraño que llegaras a esa conclusión porque así piensan los niños. Como perciben que el mundo gira en torno suyo, cuando las cosas no van bien siempre asumen que es culpa suya. La primera vez que un niño piensa esto, el pensamiento se acopla con un gran dolor. Para reducirlo el niño lo reprime, pero en realidad esta acción hace aún más difícil liberarse de la idea. Así nos quedamos bloqueados en la idea de que «es culpa mía y algo falla en mí» incluso como adultos. En cuanto una situación activa el recuerdo de ese sufrimiento o de la idea asociada, se opera una regresión emocional. Entonces sentimos y nos comportamos como el niño pequeño que por primera vez sintió ese dolor. De hecho, es exactamente lo que pasó cuando viste a mi hija Lorraine generar amor en nuestro padre. Tenías entonces veintisiete años, pero en aquel instante regresaste a la Jill de dos años de edad que se había sentido no amada, y emergieron todas tus carencias de la niñez. Sigues haciendo eso, aunque esta vez en relación con tu esposo. La idea sobre la cual basaste todas tus relaciones personales refleja la interpretación de una niña de dos años, y además carece de fundamento —concluí—. ¿Puedes verlo ahora Jill?

—Sí —contestó—. He tomado bastantes decisiones estúpidas basadas en estas afirmaciones inconscientes, ¿verdad?

—Sí, lo has hecho, pero cuando estabas sufriendo y eras demasiado joven para conocer algo mejor. Aunque reprimiste el dolor para deshacerte de él, la creencia siguió modelando tu vida desde el plano subconsciente. Entonces tu alma decidió crear algún drama en tu vida para que retomaras conciencia de esa creencia y tuvieras de nuevo la oportunidad de elegir su sanación. Atrajiste a tu vida personas que te confrontarían directamente con tu dolor y te harían revivir la experiencia original a través de ellas —continué diciendo—. Es lo que Jeff está haciendo ahora mismo. Por supuesto, no estoy diciendo que lo esté haciendo conscientemente. Nada de eso. Lo más probable es que esté más perplejo que tú acerca de su propio comportamiento. Recuerda que se trata de una transacción de alma a alma. Su alma sabe de tu pena original y es consciente de que no sanarás sin pasar otra vez por la experiencia.

—¡Vaya! —dijo Jill inspirando profundamente. Por primera vez desde que empezamos a hablar de la situación su cuerpo se relajó—. La verdad es que es una manera totalmente diferente de considerar las cosas, pero ¿sabes qué?, me siento aliviada. Es como si se me hubiese quitado un peso de encima tan sólo al hablarlo contigo.

—Esto es porque tu energía ha cambiado —le contesté—. Imagina cuánta energía vital has tenido que gastar sólo para mantener viva tu historia acerca de papá y Lorraine. Además, imagina la cantidad de energía necesaria para mantener a raya los sentimientos de duelo y resentimiento que envuelven la historia. Las lágrimas que vertiste antes te han permitido liberar una gran parte de esa energía. Y tan sólo acabas de reconocer que en todo caso era una historia inventada. ¡Menuda liberación! Además, tenías un montón de energía bloqueada en torno a Jeff convirtiéndole en culpable, convirtiéndote a ti en culpable, siendo una víctima, etc. El mero hecho de aceptar ver la situación de manera diferente te permite liberar toda esa energía y dejarla fluir a través de ti. ¡No es extraño que te sientas más ligera!

—¿Qué hubiera ocurrido si en lugar de entender lo que había en el fondo de la situación con Jeff, simplemente me separo de él? – preguntó Jill.

—Tu alma habría atraído a otra persona para ayudarte a sanar –contesté inmediatamente–. Pero no le has dejado, ¿verdad? En lugar de ello, viniste aquí. Tienes que entender que este viaje no es casual. No existen tales cosas como los eventos fortuitos en este sistema. Tú, o mejor dicho, tu alma creó este viaje, esta ocasión de entender la dinámica de la situación con Jeff. Tu alma te guió hasta aquí. El alma de John creó un viaje en esta época para hacer posible que vinieras con él.

—¿Y qué pasa con las dos Lorraine? –se extrañó Jill–. ¿Cómo ocurrió eso? Debe de ser una coincidencia.

—Tampoco existen coincidencias en este sistema. Vuestras almas y las almas de otras personas conspiraron para crear esa situación y fíjate qué perfecto era que una persona llamada Lorraine estuviera implicada en la situación original y en la presente. No podía haber mejor pista. Cuesta pensar que no fuera programada en cierto modo, ¿no te parece?

—Y ¿qué hago con todo esto ahora? –preguntó Jill–. Es cierto que me siento más ligera, pero ¿qué hago cuando llegue a casa y me encuentre con Jeff?

—En realidad te toca hacer muy poco –contesté–. De ahora en adelante, la cuestión es sobre todo cómo te sientes por dentro. ¿Entiendes que ya no eres una víctima? ¿Entiendes que Jeff ya no es un maltratador? ¿Entiendes que la situación era lo que necesitabas y deseabas? ¿Sientes cuánto te ama ese hombre, quiero decir, a nivel anímico?

—¿Qué quieres decir? –preguntó Jill.

—Quiero decir que estaba dispuesto a hacer lo que hiciera falta para llevarte al punto en que pudieras considerar de nuevo tu creencia acerca de ti misma y ver que es una mentira. ¿Te das cuenta de todas las incomodidades que estaba dispuesto a soportar con tal de ayudarte? No es un hombre cruel por naturaleza, por lo tanto, ha debido de ser muy duro para él. Pocos hombres habrían hecho eso por ti arriesgándose a perderte en el proceso. Jeff, o el alma de Jeff, es realmente un ángel para ti. Cuando lo entiendas de verdad ¡te sentirás tan agradecida hacia él! Además, dejarás de emitir señales de que no eres digna de ser amada. Quizá por primera vez en tu vida serás capaz de dejar entrar el amor. Habrás perdonado a Jeff porque para ti habrá quedado claro que no hubo ningún fallo. Fue perfecto en todos los sentidos y te prometo que Jeff ya está cambiando a medida que hablamos y está abandonando su extraño comportamiento. Su alma ya ha captado que le has perdonado y que has sanado tu errónea percepción de ti misma. Al tiempo que cambia tu energía, la suya también cambia. Estáis conectados energéticamente. La distancia física es irrelevante.

Volviendo sobre su pregunta, le dije:

—Así que no tendrás que hacer nada especial cuando vuelvas a casa. En realidad, quiero que me prometas que no harás absolutamente nada. En especial y bajo ninguna circunstancia compartirás con Jeff este nuevo modo de considerar la situación. Quiero que veas cómo todo será diferente, automáticamente, como una simple consecuencia de tu cambio de percepción. Te sentirás cambiada también, más en paz, más centrada y más relajada. Tendrás una sabiduría que a Jeff le parecerá extraña durante un tiempo. Costará un poco reajustar tu relación con él y quizá continúe siendo difícil durante un tiempo pero este asunto ya ha quedado resuelto –concluí tajantemente.

Jill y yo repasamos varias veces ese nuevo modo de considerar su situación antes de que volviese a Inglaterra. Para alguien sumido en un brote emocional siempre es difícil pasarse a la perspectiva del perdón radical. De hecho, alcanzar el punto en el que el perdón radical pueda realmente operarse requiere a menudo mucha labor de integración y repetir el afianzamiento. Para ayudar a mi hermana, la inicié en ciertas técnicas de respiración que ayudan a liberar emoción y a integrar nuevas formas de ser y le pedí que rellenara una plantilla de perdón radical (*véase* Cuarta Parte, «Herramientas para el perdón radical»).

Naturalmente, el día de su partida Jill estaba nerviosa por volver a la situación que había dejado atrás. Mientras recorría la pasarela hacia su avión, miró atrás y saludó con la mano fingiendo aplomo, pero yo sabía que tenía miedo de perder su comprensión recién adquirida y verse de nuevo arrastrada al drama.

Por lo visto, el reencuentro con Jeff fue bien. Jill le pidió no hacerle ninguna pregunta acerca de su viaje. También le pidió que le dejara espacio durante unos días para aclimatarse. No obstante, ella notó enseguida una diferencia en él. Se mostró solícito, agradable y considerado, más como el Jeff que ella conocía antes de que todo aquel episodio empezara.

En los dos días siguientes, Jill le dijo que ya no le reprochaba nada ni quería que cambiase en absoluto; que había aprendido que era ella quien tenía que asumir la responsabilidad de sus propios sentimientos y que se ocuparía de ellos a su manera, sin echarle la culpa. Se abstuvo de desarrollar el tema y no hizo ningún intento para explicarse.

Las cosas fueron bien durante unos días y la actitud de Jeff hacia su hija cambió radicalmente. De hecho, todo parecía volver a la normalidad en la relación, pero el ambiente entre Jeff y Jill permanecía tenso y su comunicación limitada.

Al cabo de dos semanas la situación alcanzó su punto álgido. Jill miró a Jeff y le dijo tranquilamente:

—Me siento como si hubiese perdido a mi mejor amigo.

—También yo –contestó él. Por primera vez después de meses conectaron. Se abrazaron y empezaron a llorar.

—Hablemos –dijo Jill–, te voy a contar lo que aprendí con Colin en Estados Unidos. Te parecerá extraño al principio, pero quiero compartirlo contigo. No tienes por qué creértelo. Sólo quiero que me escuches, ¿de acuerdo?

—Haré lo que haga falta –contestó Jeff–. Soy consciente de que algo importante te ocurrió allí. Quiero saber qué es. Has cambiado y me gusta lo que veo. No eres la misma persona que se subió al avión con John. Dime qué pasó.

Jill habló y habló. Explicó la dinámica del perdón radical lo mejor que pudo de manera que Jeff pudiera entenderla. Se sintió fuerte y poderosa, segura de sí misma y de su comprensión, mentalmente estable y centrada.

Jeff es un hombre pragmático, siempre escéptico acerca de todo lo que no pueda explicarse racionalmente, pero no se resistió esta vez y se mostró, por cierto, bastante receptivo a las ideas que Jill le pedía considerar. Se declaró abierto a la idea de que pueda existir un mundo espiritual subyacente a la realidad cotidiana y, por lo tanto, vio cierta lógica en el concepto del perdón radical. No lo aceptó completamente, pero a pesar de todo estuvo dispuesto a escuchar, considerarlo y comprobar cómo había cambiado a Jill.

Después de la conversación ambos sintieron que su amor se reavivaba y que su relación tenía posibilidades de sobrevivir. No obstante, no hicieron promesas, acordaron seguir hablando y, al mismo tiempo, observar cómo progresaba su relación. Y en realidad progresó bastante bien. Jeff siguió siendo algo zalamero con su hija Lorraine, pero no tanto como antes. Jill se descubrió totalmente despreocupada incluso cuando actuaba de aquella manera. Ya no le producía ninguna regresión emocional ni reacción basada en viejas creencias acerca de sí misma. Al mes de su conversación acerca del perdón radical, el patrón anterior de comportamiento de Jeff con Lorraine se detuvo. Ésta a su vez no llamó ni les visitó tan a menudo, siguió con su propia vida. Poco a poco las cosas volvieron a la normalidad y la relación de Jill y Jeff creció más sólida y amorosa que nunca. Jeff llegó a ser el hombre amable y sensible que es por naturaleza, Jill, menos necesitada y Lorraine, más feliz.

Retrospectivamente, si el alma de Jill no la hubiese llevado a Atlanta para crear la oportunidad de mantener nuestra conversación, estoy seguro de que se habría separado de Jeff. En el gran diseño de la cosas también habría sido lo correcto. Jill habría encontrado otra persona con la cual recrear su drama y una nueva oportunidad para sanar. Tal como fueron las cosas, esta vez aprovechó la oportunidad de sanar y conservó esta relación.

En el momento de escribir esta segunda edición, varios años después de aquella crisis, siguen juntos y muy felices en su matrimonio. Como cualquier otra pareja siguen creando dramas en sus vidas, pero ahora saben mirarlos como oportunidades de sanación y los atraviesan con rapidez y valentía.

Nota: La línea de tiempo de la página siguiente describe la historia de Jill con un gráfico. Lo encontró muy útil para ver cómo la pena original de no sentirse amada por nuestro padre la había conducido a la creencia de que no daba la talla y del papel que había desempeñado a su vez esta creencia en su vida. Si tu historia se parece a la de Jill puedes hacer lo mismo para ti.

LÍNEA TEMPORAL

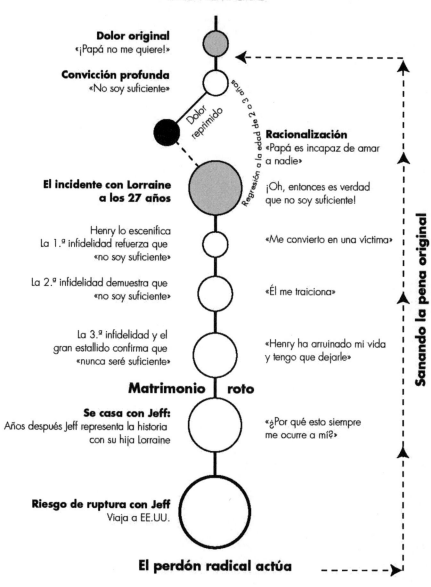

Dolor original
«¡Papá no me quiere!»

Convicción profunda
«No soy suficiente»

Dolor reprimido

Regresión a la edad de 2 o 3 años

Racionalización
«Papá es incapaz de amar a nadie»

¡Oh, entonces es verdad que no soy suficiente!

El incidente con Lorraine a los 27 años

Henry lo escenifica
La 1.ª infidelidad refuerza que «no soy suficiente»

«Me convierto en una víctima»

La 2.ª infidelidad demuestra que «no soy suficiente»

«Él me traiciona»

La 3.ª infidelidad y el gran estallido confirma que «nunca seré suficiente»

«Henry ha arruinado mi vida y tengo que dejarle»

Matrimonio | roto

Se casa con Jeff:
Años después Jeff representa la historia con su hija Lorraine

«¿Por qué esto siempre me ocurre a mí?»

Riesgo de ruptura con Jeff
Viaja a EE.UU.

El perdón radical actúa

Sanando la pena original

Ilustración 1: El viaje sanador de Jill.

Segunda parte

Conversaciones en torno
al perdón radical

2 Supuestos básicos

*T*ODA TEORÍA se fundamenta en ciertos supuestos, por lo tanto, es importante llegar a comprender los supuestos espirituales que subyacen en la teoría y la práctica del perdón radical. Pero antes de estudiarlos merece la pena puntualizar que incluso las teorías de mayor aceptación están basadas en hipótesis para las cuales las evidencias son escasas. Lo mismo podemos decir de los supuestos básicos transmitidos a través de las generaciones acerca de Dios, la naturaleza humana y el reino espiritual. Aunque exista una irrisoria evidencia científica para apoyar su validez dichos supuestos nos han sido transmitidos como verdades universales o principios durante siglos, y han conformado los fundamentos de grandes tradiciones espirituales en todo el mundo. De hecho, son fundamentales para el perdón radical. Algunos de estos supuestos están siendo ahora confirmados por los físicos como científicamente correctos.

Prefiero utilizar la palabra «supuesto» en lugar de «creencia» o incluso «principio» porque el hecho de clasificar una idea como supuesto deja la puerta abierta a la emergencia de verdades mayores en el futuro. Tengo más oportunidades de estar abierto a ver el sentido más profundo de algo si mi ego no está comprometido con un sistema de creencias que yo me sienta obligado a defender. Prefiero quedarme con la pregunta que tomar una postura fija en algo que todavía queda por demostrar.

También he descubierto que el proceso de perdón radical funciona igual de bien se crea o no en él. Mientras estés dispuesto a intentarlo y a utilizar las herramientas que provee, parece funcionar.

No precisa de fe.

En todo caso, el perdón radical tiene muy poco sentido para la mente racional, al menos en la parte enraizada en la realidad cotidiana que se percibe a través de los cinco sentidos. Esto se debe a que el perdón radical opera en concordancia con las leyes espirituales, no con las leyes físicas. Es esencialmente una idea metafísica.

No obstante para centrar la mente acerca de la idea principal lo mejor que podamos nos ayuda considerar algunos de los supuestos que estructuran un poco el concepto y aportan una base casi racional para entender el método.

Todos los supuestos enumerados aquí reciben un tratamiento ampliado en otras partes del libro.

- Tenemos cuerpos que mueren, pero tenemos almas inmortales que existían antes de nuestra encarnación y siguen existiendo después de la muerte (por lo tanto, la muerte es una ilusión).
- Para expandir exponencialmente nuestra conciencia de unicidad, acordamos venir a este mundo dual para experimentar lo exactamente opuesto a la unicidad, la separación.
- Parte del acuerdo fue que olvidaríamos el mundo de la unicidad de donde venimos a fin de vivenciar plenamente el dolor de la separación. Una vez logrado el volumen de dolor que acordamos tener en esta vida, utilizamos el perdón radical para despertar y recordar quiénes somos.
- Como el dolor de la separación es una experiencia emocional, necesitamos un cuerpo capaz de sentirla.
- La experiencia humana está destinada a ser emocional, por lo tanto, negar nuestros sentimientos es negar nuestro propósito por estar aquí.
- Somos seres espirituales por lo que contamos con una experiencia espiritual en un cuerpo humano.
- En el plano vibracional, vivimos en dos mundos simultáneamente:
  1. El Mundo de la Verdad Divina (Espíritu).
  2. El mundo de la humanidad.

En cuanto despertamos, podemos vivir cómodamente en ambos.
- El mundo de la humanidad es un aula espiritual y la vida, el currícu-

lo. Nuestras lecciones son los acontecimientos que ocurren en la vida. El objetivo es despertar a la verdad de quién somos y volver a casa.

- Cuando decidimos encarnarnos en el mundo de la humanidad, Dios nos dio libre albedrío para vivir el experimento de la manera que eligiéramos y para encontrar nosotros mismos el camino de vuelta a casa.

- Tenemos tres clases de inteligencia: la mental, la emocional y la espiritual. Nuestra inteligencia espiritual conoce la verdad de quiénes somos y nos conecta directamente con la inteligencia universal.

- La vida no es casual. Para el despliegue lleno de sentido de nuestro propio plan divino, la vida provee oportunidades de elegir y decidir en cada momento y somos guiados por nuestro Yo superior y nuestro ego.

- Existen dos definiciones para el ego. La primera lo clasifica como amigo y guía amoroso y la segunda, como enemigo. En relación a estas dos definiciones:

  1. Como parte de nuestra alma y asociado con nuestro Yo superior y nuestra inteligencia espiritual, su trabajo consiste en encontrar amorosamente toda clase de vías para que experimentemos el dolor de la separación, que es el propósito de nuestra vida en la Tierra.

  2. Como complejo de culpa insidioso y profundamente sumergido en el subconsciente y basado en nuestra creencia de que cometimos el pecado original de separarnos de Dios y que éste, en última instancia, nos castigará por haberlo hecho. En este contexto, el ego busca todos los medios de reforzarse a sí mismo y bloquea todo intento de revelar la verdad de que nunca nos separamos de Dios. Asegura inteligentemente su supervivencia «protegiéndonos» de nuestro insoportable sentimiento de culpa así como del miedo a la cólera de Dios mediante los mecanismos de represión y proyección (*véase* el capítulo 7).

- Creamos nuestra realidad mediante la ley de causa y efecto. Los pensamientos son causas que aparecen en nuestro mundo como efectos físicos. La realidad es una puesta en escena de nuestra conciencia. Nuestro mundo refleja nuestras creencias (*véase* el capítulo 9).

- En el plano del alma, conseguimos exactamente lo que necesitamos en nuestra vida para nuestro crecimiento espiritual. Cómo juzguemos lo que conseguimos determina que experimentemos la vida como dolorosa o alegre.

- Es mediante las relaciones personales como crecemos y aprendemos. Por la relación sanamos y somos devueltos a la unidad y a la verdad. Precisamos de los demás, que reflejan nuestras percepciones negativas y nuestras proyecciones, y así nos ayudan a recuperar conscientemente material reprimido para su sanación.

- De acuerdo con la ley de la resonancia, atraemos personas que sintonizan con nuestros tópicos a fin de sanarlos. Por ejemplo, si el abandono es nuestro escollo, tenderemos a atraer personas que nos abandonen. En este sentido, nos sirven como instructores (*véase* el capítulo 8).

- Abordamos la experiencia de la vida física con una misión: vivir plenamente cierto patrón de energía a fin de vivenciar los sentimientos asociados con él y luego transformar esa energía mediante el amor (*véase* el capítulo 10).

- La realidad física es una ilusión creada por nuestros cinco sentidos. La materia consiste en campos de energía relacionados entre sí que vibran sobre frecuencias diferentes (*véase* el capítulo 13).

Posdata: Si consideras que ninguno de estos supuestos es aceptable simplemente ignóralos. Esto no afecta a la eficacia del método del perdón radical.

3 Mundos separados

*P*ODRÍAMOS APRENDER de la historia de Jill que las cosas no son siempre lo que parecen. Un comportamiento cruel y vil por parte de una persona puede ser exactamente lo que necesitemos y hayamos llamado. Situaciones que parecen ser lo peor que nos pueda ocurrir quizá contengan la clave de la sanación de algo profundo en nosotros que nos impide ser felices y crecer. Por lo tanto, las personas que más molestas y menos simpáticas nos resultan bien podrían ser nuestros mejores instructores. Lo que consideramos nos hacen *a* nosotros, en realidad, lo hacen *por* nosotros.

Si estoy en lo cierto la consecuencia de ello es que, ocurra lo que ocurra, rara vez es lo que sucede de verdad. En las circunstancias aparentes de cada situación subyace una realidad bien distinta, un mundo completamente diferente; un mundo del que desconocemos la existencia si no es por alguna visión fugaz.

La historia de Jill ilustra muy bien este hecho. En la superficie estaba el drama de lo que sucedía entre ella, Jeff y su hija Lorraine. Algo nada agradable. Parecía que Jeff estaba siendo cruel e insensible. Era fácil identificar a Jill como víctima de la situación y a Jeff como el malvado. No obstante, la situación ofrecía suficientes pistas para sugerirnos la posibilidad de que algo diferente estaba pasando, algo de una naturaleza más amorosa y orquestado desde el plano espiritual.

A medida que la historia se iba desarrollando, era cada vez más obvio que el alma de Jill estaba ejecutando una danza con las almas de Jeff y Lorraine, y que la situación representada en la escena era puramente en beneficio de su alma. Es más, lejos de ser malvado, Jeff era, en realidad, un héroe y desde esta perspectiva espiritual no había hecho nada malo. Sencillamente, cumplía con su papel en el drama, como le dictaba su alma, actuando como un apoyo para el crecimiento anímico de Jill.

Cuando finalmente cambiamos la perspectiva hacia esa posibilidad, nos abrimos a la idea de que nada erróneo había ocurrido y que, de hecho, no había nada que perdonar. Ésta es precisamente la noción que define el perdón radical. También es lo que lo convierte en radical.

Si hubiésemos pedido a Jill que aplicara el perdón tradicional a esta situación, no habríamos investigado la posibilidad de ese «otro mundo». Nos habríamos atenido a las evidencias recogidas por nuestros cinco sentidos y habríamos utilizado nuestro intelecto para concluir que Jill era injustamente maltratada por Jeff y que si iba a perdonarle sería aceptando lo que él había hecho y procurando pasarlo por alto o evocando el socorrido dicho «agua pasada no mueve molino».

De ello, constatamos que el perdón tradicional da por sentado que algo malo ocurrió. Por su lado, el perdón radical adopta la postura de que nada malo ocurrió y que, por consiguiente, no hay nada que perdonar. Podemos formularlo así:

Con el perdón tradicional la voluntad de perdonar está presente, pero también la necesidad residual de condenar. Por lo tanto, la conciencia de víctima persiste y nada cambia. Con el perdón radical la voluntad de perdonar está presente pero no la necesidad residual de condenar. Por lo tanto, se desprende la conciencia de víctima y todo cambia.

(La conciencia de víctima se define como la convicción de que otra persona me ha perjudicado y, como resultado directo, es enteramente responsable de la pérdida de paz y felicidad en mi vida.)

Mundos diferentes: perspectivas diferentes

No hay que considerar el perdón tradicional como inferior al perdón radical. Sencillamente es diferente. Cuando se utiliza en el contexto de cierto sistema de creencias, creencias firmemente enraizadas en el mundo físico y en la realidad humana cotidiana, el perdón tradicional es la única forma de perdón posible y tiene de por sí un gran valor. Invoca las cualidades y características humanas más excelsas como la compasión, la misericordia, la tolerancia, la humildad y la bondad. Joan Borysenko[1] llama al perdón «el ejercicio de la compasión».

El perdón radical es diferente del perdón tradicional porque tiene sus raíces en la realidad metafísica del mundo espiritual al que yo llamo «mundo de la verdad divina». Esto marca una clara diferencia entre el perdón radical y el tradicional, pues en cada caso miramos a través de lentes completamente distintas. Las lentes con las que elijamos contemplar cierta situación determinarán si estamos utilizando el perdón tradicional o el perdón radical. Cada uno nos dota de un punto de vista absolutamente diferente.

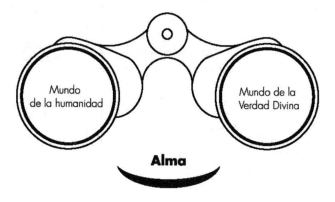

Ilustración 2: Perspectivas sobre dos mundos.

Pero no debemos caer en la trampa de pensar en ellos en términos de éste o el otro. La situación puede corresponderse tanto a uno como al otro. Vivimos con un pie en cada mundo (puesto que somos seres espirituales con una experiencia humana) y en cada situación podemos remitirnos a una de estas lentes o a ambas al mismo tiempo. Aunque estemos totalmente varados en el mundo de la humanidad, se mantiene nuestra conexión con el mundo de la divina verdad gracias a nuestra alma.

---

1   *Guilt is the Teacher. Love is the Lesson,* Warner Books, 1990.

No podemos explayarnos aquí sobre la importante distinción exis-tente entre esos dos mundos, pero caben algunas explicaciones útiles.

El mundo de la humanidad y el mundo de la verdad divina represen-tan los dos cabos de una escala vibracional. Cuando vibramos a baja frecuencia, nuestros cuerpos se vuelven densos y existimos sólo en el mundo de la humanidad. Cuando vibramos a alta frecuencia, se vuelven más etéreos y existimos también en el mundo de la verdad divina. Según vibremos en cada momento, subimos o bajamos por la escala hacia un mundo o el otro.

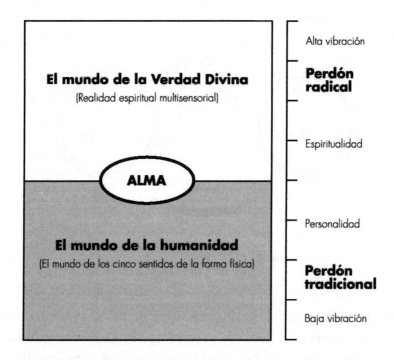

Ilustración 3: La cadena existencial del ser.

El mundo de la humanidad representa el mundo de la realidad objetiva que consideramos está fuera de nosotros. Por ser un mundo de formas provee el escenario donde vivimos nuestras vidas humanas cotidianas, así como la realidad que captamos a través de nuestros cinco sentidos. Dicho mundo contiene los patrones energéticos de la muerte, el cambio, el miedo, la limitación y la dualidad. Nos proporciona también un entorno donde, aun siendo seres espirituales, podemos experimentar el hecho de ser humanos. Esto implica tener un cuerpo físico y trabajar (y posiblemente trascender) cierto patrón de energía asociado al mundo de la humanidad en el cual, y con el cual, hemos venido expresamente a trabajar.

El mundo de la verdad divina, por su lado, no tiene forma física y cuenta con el patrón de energía de la vida eterna, la inmutabilidad, la abundancia infinita, el amor y la unidad con Dios. Aunque no podamos aprehender este mundo con nuestros sentidos y dispongamos de escasa capacidad mental para comprenderlo, lo percibimos en la medida suficiente como para saber que es real.

Actividades como la plegaria, la meditación y el perdón radical, que elevan nuestra vibración, nos permiten acceder al mundo de la verdad divina.

Esos reinos existenciales no se diferencian en términos de lugar o tiempo, sino únicamente por su nivel de vibración. El estudio de la física cuántica ha demostrado que toda realidad consiste en patrones de energía y que la conciencia es lo que sostiene dichos patrones. Así, el mundo de la forma existe como densas concentraciones de energía que vibran a frecuencias que podemos percibir con nuestros sentidos físicos. Por otro lado, experimentamos el mundo de la verdad divina como un conocimiento interior y una conciencia extrasensorial.

Como ambos mundos coexisten en una misma secuencia no vivimos a veces en uno y otras veces en el otro, sino que vivimos en ambos mundos al mismo tiempo. No obstante, el mundo que vivenciamos en un determinado momento depende de la conciencia que tengamos de él y de lo despiertos que estemos. Obviamente, como seres humanos, nuestra conciencia sintoniza fácilmente con el mundo de la humanidad. Nuestros sentidos nos empujan de manera natural hacia ese mundo y nos convencen de que es real. Aunque algunas personas estén menos enraizadas en el mundo de la realidad objetiva que otras, los humanos en su mayoría se encuentran firmemente posicionados en este punto de la secuencia, como debe ser.

Nuestra conciencia del mundo de la verdad divina es limitada y esto también parece ser a propósito. Nuestras almas entran en este mundo para experimentar la existencia humana. Para ello nuestro recuerdo y nuestra conciencia del mundo de la verdad divina tienen que ser limitados con el fin de permitirnos vivir plenamente la experiencia. No podríamos asumir del todo las energías de la separación, el cambio, el miedo, la muerte, la limitación y la dualidad que caracterizan este mundo si supiéramos que son ilusorios. Si nos encarnásemos con ese recuerdo, nos privaríamos de la oportunidad de trascender esos estados y de descubrir que, de hecho, son meras ilusiones. Al olvidar lo que somos al tomar un cuerpo físico nos damos a nosotros mismos la oportunidad de vivenciar completamente el dolor de la separación hasta que despertamos y recordamos una vez más la verdad de lo que somos.

Durante una conferencia en Atlanta en 1990, escuché a Gerald Jampolsky, el conocido escritor, relatar una historia real sobre una pareja que volvía a casa después del nacimiento de su segundo hijo. El relato ilustra el hecho de que tenemos un conocimiento real de nuestra conexión con Dios y con nuestra alma pero que lo olvidamos rápidamente después de tomar un cuerpo. El matrimonio era consciente de la importancia que tenía que su hija de tres años pudiera acoger bien en casa al recién nacido. Pero ambos se mostraban inquietos ante la insistencia de la niña por estar a solas con el bebé en su habitación. Para satisfacer su deseo, aunque supervisando la situación, encendieron el monitor, si no para ver al menos oír lo que pasaba. Lo que oyeron les dejó pasmados. La niña se fue directa a la cuna, miró a través de los barrotes al bebé y dijo: «Bebé, háblame de Dios, estoy empezando a olvidar».

A pesar del velo que dejamos caer sobre el recuerdo de nuestra unidad con Dios y que, como la historia anterior sugiere, recubre totalmente dicho recuerdo en torno a los tres años de edad, no nos está vetada como humanos cierta conexión con el mundo de la verdad divina. Nuestra alma cuenta con una vibración que sintoniza y nos conecta con él. Podemos ayudar a que se produzca dicha conexión mediante prácticas como la meditación, la oración, el yoga, el trabajo con la respiración, el baile y el canto. Gracias a ellas elevamos lo suficiente nuestro nivel de vibración para sintonizar con el del mundo de la verdad divina.

Resulta evidente que incluso esto está cambiando rápidamente. En todos los lugares a donde voy hago la misma pregunta a los participantes en mis talleres: «¿Cuántos de vosotros sois conscientes de la aceleración que se está produciendo en nuestra evolución espiritual, y sentís que el Espíritu nos apremia para avanzar más rápido en nuestras lecciones como preparación para llevar a cabo un profundo cambio?». La unanimidad es prácticamente total. Cada vez más personas confiesan abierta y libremente estar conectadas con su guía y tienen la voluntad de confiar cada día más en él. No hay duda de que el velo entre ambos mundos se vuelve cada vez más tenue. El perdón radical contribuye a este proceso tanto en el plano individual como en el de la conciencia colectiva.

Los dos tipos de perdón siguen siendo literalmente dos mundos aparte. Cada uno requiere una manera diferente de considerar el mundo y la vida. El perdón tradicional se ofrece claramente como un modo de vivir en el mundo mientras que el perdón radical es nada menos que una senda espiritual.

Con respecto a nuestra capacidad de evolución espiritual, el perdón radical abre un extraordinario potencial de transformación de la conciencia, que supera con creces lo que se puede conseguir con el perdón tradicional. No obstante, debemos reconocer que seguimos viviendo en el mundo de la humanidad y, por momentos, nos quedaremos cortos con respecto a lo que consideramos el ideal espiritual. Cuando nos inunda el dolor, por ejemplo, es casi imposible caminar por la senda del perdón radical. Poco después de haber sufrido a causa de otra persona –como por ejemplo en el caso de una violación–, no se puede esperar de nosotros que aceptemos en ese momento que la experiencia era algo que queríamos y que representa el despliegue de un plan divino. No estaremos lo bastante receptivos como para contemplar esa idea. Habrá que esperar momentos de tranquila reflexión, no en el calor de la rabia o cuando estamos inmersos en las secuelas inmediatas de un trauma.

Pero aun así, tenemos que recordar siempre que lo que hemos creado es el ideal espiritual; que hemos creado en nuestra vida circunstancias que nos ayudan a crecer y aprender, que las lecciones que necesitamos aprender están contenidas en la situación y que el único medio de obtener el crecimiento que proporciona la experiencia es atravesarla.

Aquí el margen de elección del que disponemos no es tanto si tener o no tener la experiencia (el espíritu lo decide por nosotros) sino cuánto tiempo vamos a permanecer en la conciencia de víctima a causa de ello. Si elegimos dejar pronto el victimismo es muy reconfortante saber que tenemos un método a nuestra disposición para hacerlo posible. En contraste y en este sentido, el perdón tradicional tiene poco que ofrecer.

Resumen

- El perdón tradicional está firmemente enraizado en el mundo de la humanidad. Así como éste contiene la energía de la dualidad, el perdón tradicional polariza y juzga todo como bueno o malo, correcto o erróneo.

  El perdón radical asume el punto de vista de que no hay nada correcto/ erróneo o bueno/malo: sólo nuestro pensamiento lo hace ser así.

- El perdón tradicional siempre empieza por suponer que algo malo ocurrió y que alguien le hizo algo *a* otro. El arquetipo de víctima sigue operativo.

  El perdón radical parte de la creencia que nada malo ocurrió y que en ningún caso hay víctima.

- El perdón tradicional es eficaz en cuanto que invoca las más elevadas virtudes humanas como la compasión, la tolerancia, la bondad, la misericordia y la humildad. Dichas cualidades apuntan hacia el perdón y tienen un potencial de sanación. No obstante en sí y de por sí, no constituyen perdón.

  El perdón radical no es diferente en eso porque también invita a esas mismas virtudes a estar presentes en el proceso.

- El perdón tradicional depende enteramente de nuestra capacidad personal de compasión y, por ello, es limitado. No importa cuánta compasión o tolerancia acumulemos por alguien como Hitler ni cuánta empatía sintamos por lo que sufrió en su infancia, nada nos da la capacidad de perdonarle (utilizando el perdón tradicional) por el exterminio de más de trece millones de seres humanos.

  El perdón radical no tiene límite alguno y es completamente incondicional. Si el perdón radical no pudiera perdonar a Hitler, no podría perdonar a nadie. Como el amor incondicional, es todo o nada.

- Con el perdón tradicional, el ego y nuestra personalidad –yo– son los que mandan. Por consiguiente, el problema siempre parece estar ahí afuera con otra persona. Con el perdón radical el dedo señala otra dirección, el problema está aquí adentro, conmigo.
- El perdón tradicional cree en la realidad del mundo físico, en la total integridad de lo que ocurre, siempre intenta entenderlo todo y, por lo tanto, controlar la situación.

  El perdón radical reconoce la ilusión, ve que lo que ocurrió es sólo una historia y responde entregándose a la perfección de la situación.
- El perdón tradicional no contempla la noción de misión espiritual y mantiene su creencia en la muerte y su temor por ella.

  Para el perdón radical la muerte es una ilusión y la vida es eterna.
- El perdón tradicional entiende la vida como un problema por resolver o un castigo que evitar. Experimenta la vida como un conjunto aleatorio de circunstancias que simplemente nos ocurren sin ningún motivo. De ahí, la popular pegatina que reza: «Shit happens!».[2]

  El perdón radical considera que la vida está repleta de significado y motivada por el amor.
- El perdón tradicional reconoce la inherente imperfección de los seres humanos pero falla en ver la perfección en la imperfección: en ningún momento resuelve esa paradoja.

  El perdón radical ilustra esa paradoja.

El perdón tradicional puede contener una alta vibración similar a la del perdón radical cuando invoca algunas de las más elevadas virtudes humanas como la bondad, la humildad, la compasión, la paciencia y la tolerancia.

El portal a través del cual empezamos nuestro viaje elevando nuestra vibración para conectar con el mundo de la verdad divina y vivenciar el perdón radical es un corazón abierto.

---

2 Expresión coloquial, traducción aproximada: «¡Las desgracias ocurren!». *(N. de la T.)*

PERDÓN TRADICIONAL	PERDÓN RADICAL
Mundo de la humanidad (ego)	Mundo de la Verdad Divina (Espíritu)
Bajo nivel vibratorio	Algo malo ocurrió
Basado en el juicio	Orientado hacia el pasado
Necesita entenderlo todo	Conciencia de víctima
Juzga imperfectos a los hombres	Acepta la imperfección humana
Ocurrió de verdad (certeza)	Tiene un sentido simbólico (verdad)
Sólo realidad física	Realidades metafísicas
El problema está ahí afuera	El problema está en mí (mi error)
Soltar el resentimiento	Abrazar el resentimiento
Tú y yo estamos separados	Tú y yo somos UNO
Las desgracias ocurren	No hay accidentes
La vida = hechos aleatorios	La vida tiene sentido
Personalidad (ego) al mando	Alma que sigue un plan divino
La realidad es lo que ocurre	La realidad es lo que creamos
La muerte es real	La muerte es una ilusión

Ilustración 4: Las diferencias entre perdón tradicional y el perdón radical.

Para más detalles *véase* el capítulo 15: «Artículos de fe».

El perdón tradicional cuando tiene una vibración alta reconoce la profundidad de la percepción espiritual de que todos somos imperfectos y que la imperfección caracteriza a la naturaleza humana. Cuando consideramos a un delincuente desde esta perspectiva, podemos decir con toda humildad, tolerancia y compasión:

«¡Gracias a Dios, no soy igual!», convencidos de que nosotros también somos perfectamente capaces de hacer lo mismo que el delincuente. Si conocemos nuestro lado oscuro, sabemos que todos tenemos dentro el potencial para herir, matar, violar, maltratar a los niños y aniquilar a trece millones de personas. Dicho conocimiento nos permite suscitar nuestra humildad y volvernos buenos y caritativos no sólo con respecto a los delincuentes sino con nosotros mismos, porque en ellos reconocemos nuestra propia imperfección inherente, nuestra propia sombra. Dicho reconocimiento nos acerca mucho al hecho de recuperar de verdad lo que hemos proyectado; el primer paso vital en el perdón radical.

El perdón radical también considera la imperfección como algo inherente al ser humano, pero además ve la perfección dentro de la imperfección. Éste asume que el perdón no puede ser voluntario ni concedido. Tenemos que tener la voluntad de perdonar y de remitir la situación a nuestro poder superior. Sea cual sea el tipo de perdón, no nace del esfuerzo sino de estar dispuesto a vivenciarlo.

Lo que NO es perdón

Ahora que estamos tratando con definiciones, es preciso aclarar lo que NO es perdón. Mucho de lo que pasa por perdón es lo que llamo pseudoperdón.

Exento de autenticidad, el pseudoperdón es habitualmente un juicio bien embalado y un resentimiento encubierto, ambos maquillados de perdón. La voluntad de perdonar no se halla presente, y lejos de reducir la conciencia de víctima, en realidad, la magnifica. Por otro lado, la línea que separa el pseudoperdón del perdón tradicional puede no ser fácil de detectar.

Ejemplos de pseudoperdón

Los ejemplos siguientes se enumeran en orden de mayor a menor evidencia, empezando por los que son obviamente falsos y terminando por los que más se acercan al perdón tradicional.

- Perdonar por un sentido de obligación. Éste carece de autenticidad, aunque muchos de nosotros perdonamos desde este punto de vista. Pensamos que el perdón es lo correcto e incluso una obligación espiritual. Creemos que debemos perdonar.
- Perdonar por el sentimiento de tener razón. Es la antítesis del perdón. Si perdonas a una persona porque piensas que tú tienes razón y que ella es tonta o te da pena, es un acto de pura arrogancia.
- Perdonar por concesión o absolución. Esta forma de perdón es puro autoengaño. Ostentamos nulo poder de conceder el perdón a nadie. Cuando concedemos el perdón jugamos a ser Dios. El perdón no es algo que controlamos, tan sólo ocurre cuando sentimos ese deseo.
- Pretender el perdón. Pretender que no estamos enojados por algo cuando en realidad lo estamos, más que una oportunidad de perdón es una negación de nuestra ira. Representa una forma de autodescalificación. Cuando hacemos esto damos permiso a otros para que nos traten como si fuéramos felpudos. Este tipo de comportamiento deriva normalmente del miedo a no perdonar, a ser abandonado o de la creencia de que expresar la ira es inaceptable.
- Perdonar y olvidar. Esto simplemente produce negación. El perdón no consiste en borrar. La gente sabia perdona pero en absoluto olvida. Se esfuerza en apreciar el regalo presente en la situación y en recordar la lección que les proporcionó.
- Disculpando. Al perdonar, a menudo lo hacemos dando explicaciones o justificando a la persona en cuestión. Decimos por ejemplo: «Mi padre me maltrató porque sus propios padres le maltrataron. Hizo lo que pudo». El perdón debería consistir en soltar el pasado y negarse a ser controlado por él. Si una explicación ayuda al desapego puede ser útil en este sentido; no obstante, una explicación no elimina la idea de que algo malo ocurrió. Por lo tanto, y en el mejor de los casos, sólo aborda el perdón tradicional. También posee cierto aire

justiciero que quizá oculte ira. Por otro lado, entender por qué una persona hizo lo que hizo y sentir empatía hacia ella nos reconecta con nuestra propia imperfección y abre la puerta a la compasión y a la misericordia, llevándonos a una vibración más alta de perdón tradicional pero que se queda corta comparada con la vibración alcanzada gracias al perdón radical.

- Perdonar a la persona pero no condonar el comportamiento. Este popular planteamiento intelectual sólo está disfrazado de perdón porque sigue consistiendo en juzgar y tener razón. También presenta problemas prácticos y semánticos. ¿Cómo separas al asesino del acto de matar?

Este último ejemplo nos lleva al importante tema desarrollado en el siguiente capítulo: rendir cuentas y responsabilidad.

4   Rendir cuentas

*E*S PRECISO comprender claramente que el perdón radical no nos exime de responsabilidad en este mundo. Somos seres espirituales con una vivencia humana en un mundo gobernado por leyes físicas y otras hechas por los hombres. Por consiguiente, tenemos que rendir cuentas de todos nuestros actos: forma parte de la experiencia humana y es ineludible.

En otras palabras, cuando creamos circunstancias que perjudican a otras personas tenemos que aceptar que en el mundo de la humanidad tales actos tienen consecuencias. Desde el punto de vista del perdón radical, diríamos que todas las partes involucradas en la situación están recibiendo lo que necesitan pero también es cierto que vivenciar consecuencias como ir a la cárcel, ser multado, deshonrado o condenado forma parte de la lección y, de nuevo, es perfecto en ese contexto espiritual.

A menudo me plantean esta cuestión: cuando alguien perjudica a otro y en ese caso la reacción normal sería resolver el asunto ante un juez, ¿una persona compasiva ha de tomar ese tipo de iniciativa? La respuesta es sí. Vivimos en el mundo de la humanidad que opera dentro de los parámetros de la ley de causa y efecto. Ésta determina que a cada acción le corresponde la reacción equivalente. Así, pronto aprendemos que nuestros actos tienen consecuencias. Si nunca tuviéramos que rendir cuentas por nuestros actos, el perdón no tendría sentido ni valor. Sin esa responsabilidad encima de nosotros, sería como si haga lo que haga, a nadie le importa. De todas maneras, ese tipo de acción o actitud no significa compasión. Los niños, por ejemplo, interpretan siempre que la disciplina justificada de los padres aplicada de forma apropiada es una muestra de interés y de amor. A la inversa, interpretan la licencia ilimitada dada por sus padres como una falta de dedicación. Los niños son sabios.

En todo caso, nuestro nivel de perdón queda determinado por la intensidad con la cual reaccionamos a los actos de otras personas, ya sea con un sentimiento de indignación justificada, protesta, venganza y resentimiento, o con un auténtico deseo de equilibrar los platillos de la balanza en relación con los principios de ecuanimidad, libertad y respeto hacia los demás. Buscar justicia y revancha rebaja nuestra vibración. A la inversa, la defensa de principios y actuar con integridad la elevan. Cuanto más elevada sea la vibración, más nos acercamos a la verdad divina y más capaces nos volvemos de perdonar radicalmente.

El destacado escritor Alan Cohen cuenta una historia que ilustra muy bien este punto. Uno de sus amigos estuvo involucrado una vez en un suceso que provocó la muerte de una joven. Por esa muerte injusta estuvo encarcelado durante muchos años. Él aceptó su responsabilidad por lo ocurrido y se comportó en todos los sentidos como un recluso modelo. Sin embargo, el padre de la chica, un hombre rico y poderoso y con amigos en las altas esferas, hizo la promesa de mantenerle encarcelado tantos años como fuera posible. Entonces, cada vez que se reunían las condiciones para que el recluso obtuviera la libertad condicional, el padre de la chica gastaba una gran cantidad de tiempo y dinero tirando de todos los hilos políticos posibles para que le fuera denegada. Después de que esto se repitiese en varias ocasiones, Cohen preguntó a su amigo cómo se sentía por el hecho de ver denegada la libertad condicional a causa de los esfuerzos del padre de la chica por mantenerlo en la cárcel. El hombre dijo que le perdonaba todos los días de su vida y rezaba por él porque se daba cuenta de que era el padre quien estaba en una cárcel y no él.

Sin duda el padre, incapaz de superar su rabia, tristeza y duelo, estaba dominado por la necesidad de venganza. No podía escapar de la prisión de su propio victimismo. Incluso el perdón tradicional estaba fuera de su alcance. El amigo de Cohen, por otro lado, se negaba a ser una víctima y vio que el amor era la única alternativa. Su vibración era más alta y tenía más capacidad de practicar el perdón radical.

Volviendo sobre el tema de pedir o no justicia ante los tribunales, sí, debemos procurar que los demás rindan cuenta por sus acciones. Sin embargo, recuerda que una vez hemos tomado la decisión de recurrir a la justicia, debemos, como dicen en Alcohólicos Anónimos, rezar por el h. de p. y por nosotros. (Por cierto, ¡no es preciso que nos guste una persona para perdonarla!) En otras palabras, reenviamos el asunto al poder superior. Reconocemos que el amor divino opera en cualquier situación y que cada persona recibe exactamente lo que quiere. Reconocemos que la perfección reside siempre en algún sitio de la situación aunque no se pueda ver en aquel momento.

Yo mismo tuve la oportunidad de experimentarlo justo después de acabar la primera edición de este libro, cuando buscaba ayuda para lanzarlo al mercado. Un amigo me recomendó a una persona, así que mi mujer JoAnna y yo nos reunimos con ella. Parecía muy eficiente y yo no tenía por qué dudar de su profesionalidad e integridad. No obstante, ¡es divertido comprobar cómo funciona el universo! El último plazo para anunciar el libro en el catálogo de referencia que los libreros utilizan para hacer sus encargos era el día siguiente y era, pues, importante aparecer en él, o perdíamos todo un año. Esto explica también que me precipitara en firmar un contrato con aquella mujer. Además, había que pagar 4.000 dólares que era lo que ella pedía, más el quince por ciento sobre las ventas. No teníamos los 4.000 dólares pero JoAnna se las arregló para conseguir 2.900 dólares. Pagaríamos el resto en plazos mensuales. Entonces firmamos el contrato. A pesar de haber actuado con prisas, me produjo una agradable sensación haber delegado esa parte del proyecto.

Pues bien, varios meses después de publicar el libro me di cuenta de que debía seguir realizando muchas de las tareas que, según el contrato, le correspondían a la agente literaria. Yo mismo estaba organizando firmas del libro, mandando ejemplares a las revistas, etc. No veía ningún resultado de sus esfuerzos. Seguí observando y, al cabo de un tiempo, me encaré con ella. Entonces quedó claro que no había hecho prácticamente nada. Por supuesto, lo negó y argumentó, pero cuando le pedí ver las cartas y las pruebas de su actividad, no había ninguna. La despedí anulando el contrato por incumplimiento, y le pedí que me devolviera el dinero. Evidentemente se negó. Entonces inicié un proceso judicial para recuperarlo.

Como puedes imaginar, estaba bastante alterado. Había quedado atrapado donde van a parar todos los que se sienten victimizados, en ¡Victimlandia! Y era totalmente inconsciente de ello. Tenía mi historia de víctima bien establecida y aproveché todas las oportunidades de compartirla con quien se prestara a escucharme. Desde mi punto de vista, aquella mujer me había robado y yo necesitaba resarcirme. Me encontraba totalmente bloqueado y así me quedé varias semanas. ¡Y eso que se suponía que yo era mister Perdón!

Afortunadamente, un día vino a cenar una amiga que había participado en mi primer taller hacía muchos años. Cuando le conté mi historia su respuesta fue: «Bueno, por cierto ¿has rellenado una plantilla de trabajo sobre esto?». Por supuesto que no lo había hecho. Era lo último que se me habría ocurrido. «¡No, no he rellenado ninguna plantilla de trabajo!», le dije muy enfadado. «¿No crees que deberías hacer una?», preguntó Lucie. «¡No, no quiero hacer ninguna dichosa plantilla!», grité.

Entonces JoAnna hizo sonar una campanilla: «Bueno, al fin y al cabo, es tu plantilla de trabajo. ¡Deberías practicar lo que predicas!». Esto me llegó al alma. Sintiéndome acorralado, subí las escaleras malhumorado, a grandes pasos, a buscar una plantilla pero seguía muy enfadado. Yo sabía, y ellas también, que lo hacía presionado. Era la última cosa en el mundo que quería hacer en aquel momento, pero no iban a dejar que me escabullera. La hice paso a paso, refunfuñando y con poco o nulo empeño en el proceso. Entonces, de pronto, cuando iba por la parte que dice: «suelto la necesidad de condenar y de tener razón», ahí me di cuenta. ¡La necesidad de tener razón! Como si hubiera sido alcanzado por un rayo, descubrí que estaba tratando de tener razón en el asunto. ¡Una de mis convicciones era que lo tenía que hacer todo yo mismo! Vi que este incidente no era más que una escenificación de esta convicción. Pude ver que todas las veces anteriores había creado inconscientemente el hecho de que me dejen plantado. Entonces vi y entendí que esa mujer me estaba apoyando para que tomara conciencia de mi convicción negativa y poder liberarme de ella y abrirme a una mayor apertura.

De súbito, toda mi ira se evaporó y me di cuenta de cuánto me había cerrado a las cosas en las que creo verdaderamente y que enseño. Me sentí muy avergonzado. Pero al menos era consciente de nuevo. Ahora podía ver que esa mujer era un ángel de sanación para mí y pasé de sentir enfado y resentimiento hacia ella a una profunda gratitud y amor.

Además de un despertar maravilloso fue una poderosa lección de humildad, una ilustración de lo fácil que es perder de vista la ley espiritual y de lo rápido que podemos quedar atrapados en un drama. Fue una aterradora demostración de la rapidez con la cual pude separarme de mi verdadera naturaleza y de todo lo que sabía cierto incluso después de haber despertado a ello. También fue un poderoso recordatorio de por qué necesitamos contar con amigos espirituales que nos ayuden no mostrándose dispuestos a tragar nuestras historias de víctima y estando preparados a desafiarnos en relación con ellas.

De todas maneras, la duda que probablemente tienes ahora es que si tras haber visto que la agente literaria era un ángel sanador para mí cancelé el proceso judicial. Confieso que esto me estuvo atormentando. Reconocí que, aunque veía ahora la verdad desde la perspectiva del mundo de la verdad divina, la situación en sí tenía raíces profundas en el mundo de la humanidad. Le ofrecí negociar en dos ocasiones. Y en ambas lo rechazó. Seguí adelante con el caso razonando que su alma necesitaba tener esa experiencia, si no la habría sacado de este atolladero cuando me ofrecí a negociar. No obstante seguí adelante con el corazón abierto y con la intención de que lo que ocurriera fuese lo justo y perfecto. El tribunal falló a mi favor y la condenó a pagarme casi 4.000 dólares. Nunca conseguí el dinero, pero eso no es lo importante, sino que JoAnna y yo confiamos en el proceso e hicimos lo que parecía necesario en aquel momento.

En realidad no importaba el camino elegido. El Espíritu se las había arreglado y todo habría salido a la perfección, como siempre. La idea de que nuestras decisiones son relevantes para el esquema general de los acontecimientos es cosa de nuestro ego, que intenta que nos sintamos separados y especiales. El universo lleva las riendas sea lo que sea lo que decidamos. Pero el modo en que tomamos esas decisiones, ya sea desde el amor o desde el miedo, la avaricia o la generosidad, el orgullo o la humildad, la deshonestidad o la integridad, sí que tiene relevancia para nosotros porque cada decisión que tomamos afecta a nuestra vibración.

Otra situación que a menudo me plantean es ¿qué hacer al detectar que se maltrata a un niño? El dilema que surge es: si damos por sentado que el crecimiento espiritual del niño se apoya en esta experiencia ¿debemos intervenir o no?, puesto que hacerlo sería negar al alma del niño su experiencia de crecimiento. Mi respuesta es siempre que, como seres humanos, debemos hacer lo que es correcto de acuerdo con nuestra actual conciencia del bien y del mal, tal como los definen las leyes humanas. Entonces actuamos en concordancia con ellas sabiendo al mismo tiempo que, según las leyes espirituales, no ocurre nada malo. ¡Por supuesto, intervendríamos! Como seres humanos no podemos hacer otra cosa. Pero nuestra intervención no es ni buena ni mala porque, hagamos lo que hagamos, el Espíritu se ocupa de todo.

Mi razonamiento es que si, por el bien supremo del alma del niño, no tuviera que haber intervención, el Espíritu dispondría las cosas para impedirla. En otras palabras, si se supone que no debemos intervenir, el Espíritu nos mantendría en el desconocimiento de la situación. A la inversa, si el Espíritu nos revela la situación, doy por sentado que no tiene problemas con mi intervención. Al final, ni siquiera es mi decisión.

Cuando intervengo lo hago libre de juicio y de la necesidad de condenar a nadie. Tan sólo lo hago sabiendo que el universo lo ha dispuesto todo por una razón y que en alguna parte se halla una perfección.

5 La terapia del perdón radical

EN LA HISTORIA de Jill la mayoría de las cosas son bastante comunes. La realidad es que bien podría ser la historia de cualquier persona. De hecho, desde la publicación de la primera edición del libro en 1997, miles de personas han escrito, llamado por teléfono o mandado correos electrónicos para decirme que se identifican tanto con ella que al hilo de su lectura han sentido que era su propia historia personal. Para muchos de los que la han leído, esta historia conmovedora ha supuesto el arranque de su sanación exactamente como lo fue para Jill.

Porque tipifica tantos problemas aparentes de relación, la historia también provee un buen ejemplo de cómo el perdón radical puede aplicarse a los problemas bastantes ordinarios de la vida cotidiana y demuestra su viabilidad como alternativa radical al apoyo tradicional y a la psicoterapia. Se ha convertido en Terapia del Perdón Radical (TPR).

Hay una pizca de ironía en ello porque un principio del perdón radical es que, salvo que se demuestre lo contrario, nada malo ocurre y no hay que cambiar nada. Entonces ¿cómo puede haber terapia alguna? Al fin y al cabo, el principio supremo que subyace en el perdón radical es que, sin excepción alguna, todo lo que nos ocurre está guiado por la Divinidad, tiene significado y es por nuestro bien.

En sí, la noción misma de terapia implica que algo falla y necesita un cambio. Cuando acudimos a terapia esperamos del terapeuta que se haga estas tres preguntas básicas:

1. ¿Qué es lo que va mal con esta persona o circunstancia?
2. ¿Qué le indujo a volverse así?
3. ¿Cómo se puede arreglar su problema?

Como ninguna de estas preguntas puede aplicarse al perdón radical ¿cómo puede éste convertirse en una modalidad terapéutica? La respuesta está en cómo funcionó para Jill.

Quizá recuerdes que al principio de la historia con Jill mi actitud fue mostrar implícito acuerdo con ella en que realmente tenía un problema, que Jeff era su causa primordial y que la única manera de reaccionar era buscando una solución. Durante bastante rato recorrí con ella esa senda habitual. Sólo cuando me pareció que el momento había llegado sugerí una perspectiva diferente (el perdón radical).

Llegados a este punto, tuve que hacerle comprender con toda claridad que cambiaba el rumbo de la conversación y que iba a utilizar una nueva colección de preguntas. Estas eran:

1. ¿Qué es perfecto en lo que le ocurre?
2. ¿Cómo se revela dicha perfección?
3. ¿Cómo puede cambiar su punto de vista para aceptar que puede haber cierta perfección en su situación?

Te puedo asegurar que la percepción original de Jill de la situación vivida con Jeff y con su marido anterior en absoluto concordaba con la idea de que todo era perfecto. Ella sentía que lo ocurrido era *a todas luces* malo o bueno. La mayoría de la gente habría estado de acuerdo con ella.

Así y todo, como vimos, la sanación tuvo lugar sólo cuando Jill se dio cuenta de que no había nada bueno o malo en ninguna de las situaciones, que nadie la estaba victimizando y de que, lejos de ser su enemigo, Jeff era su ángel sanador. Poco a poco empezó a ver cómo en cada momento el cauce divino la había estado ayudando a sanar una percepción precoz y errónea así como el correspondiente sistema de creencias equivocadas que durante años le había impedido expresar su verdadero yo. Partiendo de esta base, cada situación, incluida la presente con Jeff, era un regalo de gracia.

Así la TPR no es tanto una terapia como un proceso de educación. El/la terapeuta o coach, tal como prefiero llamarlo/a, interviene ya menos desde el deseo de arreglar a una persona que desde el de ilustrarla. El perdón radical es una filosofía espiritual con aplicaciones prácticas en la vida de las personas por comunicarles una perspectiva espiritual aplicable, a modo de autoayuda, ante cualquier problema o situación.

El plan divino no está prefijado. En cualquier punto del despliegue del plan individual, uno siempre tiene elección. El perdón radical ayuda a las personas a cambiar de punto de vista y a elegir nuevas opciones basadas en su comprensión.

La historia de Jill ilustra cuán difícil es operar ese cambio de percepción. Incluso contando con pistas bastantes evidentes, fue preciso hablar bastante y procesar mucho sufrimiento emocional antes de que Jill empezara a abrirse a la comprensión de una interpretación distinta. Sobre todo en el caso de las infidelidades de su anterior esposo.

Imagina lo espinoso que puede llegar a ser proponer la idea del perdón radical a la víctima de un holocausto, o a una persona que acaba de ser violada o agredida. Por supuesto, la mayor parte del trabajo preliminar de la TPR consiste en crear la voluntad de contemplar la *posibilidad* de que lo que ocurrió entraña algo perfecto. Con todo, según las circunstancias, desarrollar esa receptividad puede llevar bastante tiempo y casi siempre demanda primero trabajar mucho el desahogo del sufrimiento emocional. En cualquier caso, es posible. Lo puedo afirmar porque he conocido personas con historias espantosas que han podido realizar un cambio formidable en un cortísimo espacio de tiempo.

No obstante cabe la posibilidad de que algunas personas nunca consigan llegar a ese punto de receptividad. Puede que nunca superen su sentimiento de ser una víctima. Por otro lado, las que sí consiguen ver, siquiera por un momento, la perfección contenida en su situación, reciben la fuerza para soltar su sentimiento de víctima y se liberan. Jill fue una de ellas.

En esto radica el poder de este trabajo, pues como veremos en capítulos posteriores, soltar el sentimiento de ser una víctima es la clave de la salud, del poder personal y de la evolución espiritual. Hemos sido adictos al arquetipo de víctima durante eones y, a medida que avanzamos en la era de acuario (el próximo período de 2.000 años de nuestra evolución espiritual), hemos de responder a la invitación a soltar el pasado, liberarnos del arquetipo de víctima y ser más conscientes de la vida en el ahora.

Sin embargo, existen ciertos requisitos previos para conseguirlo. En primer lugar, la receptividad de la que depende en definitiva el perdón radical requiere que estemos abiertos a mirar las cosas desde un punto de vista espiritual. No tiene que ver con una religión particular ni excluye a ninguna, pero necesita al menos la creencia en un poder superior o inteligencia superior, y la idea de una realidad espiritual más allá de nuestro mundo físico. Un punto de vista rigurosamente ateo no permite que el perdón radical opere ni que la TPR funcione. Veremos que para que el perdón radical se convierta en una realidad en nuestras vidas necesitamos sentirnos cómodos con la idea de que podemos caminar en dos mundos simultáneamente.

Dicho esto, el perdón radical se puede explicar en términos no ofensivos y en un lenguaje que honre las convicciones espirituales de todos los pueblos, de manera que se ajuste a su sistema habitual de creencias permitiendo así que escuchen sin sentirse incómodos. Además de esto, una parte sustancial de la TPR no depende de nociones místicas ni esotéricas para ser válida. La represión, la negación y la proyección son conceptos bien arraigados en la teoría psicológica y pueden ser explicados en términos totalmente científicos.

Nunca insistiré bastante en el hecho de que mezclar la terapia tradicional con la TPR no da resultado. Las cuestiones y los supuestos subyacentes en cada una de estas formas son demasiado diferentes. Todo terapeuta que desee añadir la TPR a sus herramientas de trabajo debe primero ser muy consciente de las diferencias entre la TPR y la terapia tradicional y tener la capacidad de distinguirlas con sus pacientes, y luego trabajar duro para mantenerlas separadas.

En general, la TPR conviene a personas que no padecen ninguna enfermedad mental y que sencillamente necesitan ayuda para tratar los temas de la vida cotidiana. Una persona con temas hondos y dolor profundamente reprimido con complejos mecanismos de defensa establecidos debería dirigirse a un psicoterapeuta cualificado que también utilice la TPR.

La sencillez del método del perdón radical puede resultar desconcertante pero éste es asombrosamente eficaz como terapia del alma para individuos, grupos, etnias e incluso países. Por ejemplo, he tenido la oportunidad de dirigir talleres para judíos y otras personas que han sufrido persecuciones y que llevan a cuestas todo el dolor de una raza o grupo étnico y he presenciado cambios de conciencia asombrosos. Fueron capaces de soltar el dolor colectivo y así, estoy convencido, de ayudar a sanar la conciencia colectiva de este grupo de forma retroactiva sobre varias generaciones anteriores.

6 Los mecanismos del ego

CON LOS ASUNTOS de naturaleza espiritual las conversaciones nunca tardan mucho en ocuparse del ego. El perdón radical no es una excepción ya que el ego parece desempeñar un papel central. Entonces ¿en qué consiste el ego y cuál es su función en el perdón radical? Me parece que existen al menos dos caminos para responder a esta pregunta. El primero cataloga al ego como enemigo nuestro mientras que el segundo lo considera nuestro amigo.

El punto de vista del ego-como-enemigo lo considera responsable de mantenernos separados de la fuente por su interés en asegurar su propia supervivencia. En consecuencia, es nuestro enemigo espiritual y estamos en guerra con él. Muchas disciplinas espirituales convierten esto en su idea central y exigen que el ego quede descartado o trascendido como requisito previo al crecimiento espiritual. En contraste, el modelo ego-como-amigo considera al ego como la parte de nuestra alma que ejerce de amoroso guía en nuestra experiencia humana.

Prefiero pensar que hay algo de verdad en ambas ideas aunque a primera vista parezcan incompatibles. Permíteme explicarlas por separado tal como he llegado personalmente a comprenderlas, y tú decides.

El ego como enemigo

Según este modelo, el ego existe como conjunto de creencias profundamente enraizadas acerca de lo que somos con respecto al Espíritu, éstas se formaron cuando llevamos a cabo la experiencia de pensar que estamos separados de la fuente divina. De hecho, podríamos decir que el ego es la creencia de que la separación se produjo realmente.

Por lo visto, en el momento de la separación el ego nos hizo creer que Dios se había enfadado mucho por nuestro experimento. Esto generó enseguida un gran sentimiento de culpa en nosotros. Entonces, el ego elaboró su historia contándonos que Dios iba a vengarse y nos castigaría severamente por nuestro gran pecado. Tan grandes eran los sentimientos de culpa y de terror generados en nosotros por la convicción de que el cuento era cierto que no tuvimos otra alternativa que reprimir esas emociones en las profundidades de nuestra mente inconsciente. Esto nos protegió de ser conscientes de ellas.

Esta táctica funcionó bastante bien, aun así conservamos un gran temor de que esas emociones volviesen a emerger. Para solucionar el problema, el ego desarrolló otra creencia: que la culpa era de otro y no nuestra. Dicho de otra manera, para deshacernos de ella por completo empezamos a proyectar nuestra culpa sobre otros que se convirtieron en nuestros chivos expiatorios. Luego, para asegurarnos de que la culpa se quedara con ellos, nos enfadamos con ellos y mantuvimos una actitud continua de ataque (para una información más detallada sobre la negación y la proyección *véase* el capítulo 7).

Ahí está el origen del arquetipo de víctima y la constante necesidad de los seres humanos de atacarse y defenderse unos de otros. Después de atacar a la gente en la cual proyectamos nuestra culpa, tememos que nos contraataquen, por lo que creamos fuertes defensas para protegernos a nosotros mismos y a lo que consideramos nuestra completa inocencia. Hasta cierto punto sabemos que somos culpables; así, cuanto más nos defendemos contra los ataques, más reforzamos nuestra culpa. De ese modo, tenemos que encontrar constantemente gente a la que odiar, criticar, juzgar, atacar y convertir en culpables para sentirnos mejor con respecto a nosotros mismos. Esta dinámica refuerza continuamente el sistema de creencia del ego y, de esta manera, el ego asegura su supervivencia.

Utilizando este modelo de comportamiento como referencia podemos ver por qué a lo largo de la historia los seres humanos han invertido tanto en su ira y han tenido una necesidad tan grande de dividir el mundo en víctimas y perseguidores, malvados y héroes, vencedores y vencidos, ganadores y perdedores.

Es más, la percepción que tenemos de un mundo del tipo ellos-y-nosotros refleja nuestra propia división interna entre el ego por un lado, que es la convicción de separación, miedo, castigo y muerte, y por otro el Espíritu, que es el conocimiento del amor y la vida eterna. Proyectamos esta división en el mundo físico al considerar siempre que el enemigo está ahí afuera en lugar de en nuestro interior.

Todo sistema de creencias tiende rápidamente a volverse resistente al cambio, y en este aspecto el ego no es un sistema de creencias cualquiera. Es sumamente resistente. Almacena un inconcebible poder en nuestra mente inconsciente y junta muchos votos a la hora de elegir el personaje que creemos ser. Este sistema de creencias es tan sumamente poderoso que se manifiesta como un ente con derecho propio y lo hemos llamado ego.

Hemos quedado hasta tal punto atrapados en la convicción de la separación, que se ha convertido en nuestra realidad. Hemos experimentado el mito de la separación durante eones, haciendo real la idea de que elegimos la separación llamándola el pecado original. En realidad, ninguna separación ocurrió jamás. Somos tan parte de Dios ahora como siempre lo hemos sido. Somos seres espirituales con una experiencia humana, ¿recuerdas? Por consiguiente, y en este sentido, no existe tal cosa como el pecado original.

Según parece Jesús nos comunicó esta revelación: la verdad acerca de nuestra ilusión mediante el libro *Un curso de milagros*, una obra en tres tomos de Jesús canalizado por una señora llamada Helen Schucman, con el propósito de mostrarnos cuán desencaminado está el ego y de enseñarnos que el camino de vuelta a casa, con Dios, es a través del perdón. (Resulta curioso que Helen fue un canal poco entusiasta y en realidad no se creyó ni una palabra de lo que canalizó.)

En contraste con cierta teología cristiana prevaleciente, muchos estudiosos bíblicos encuentran exactamente las mismas ideas expresadas en la Biblia.

De todas maneras, al revés de lo que el ego tiende a hacernos creer, la verdad es que hemos llegado al plano físico con la bendición de Dios y

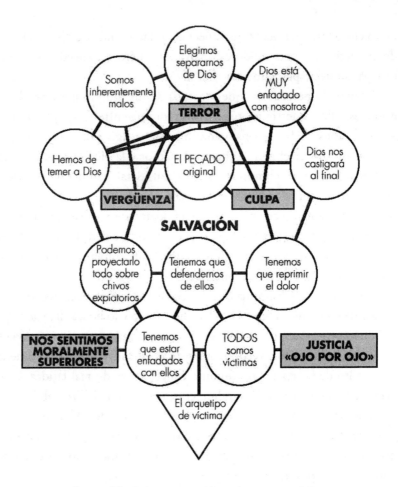

Ilustración 5: La estructura del ego (perspectiva n.º 1).

su amor incondicional. Dios siempre respetará nuestro libre albedrío y nuestras elecciones al más alto nivel y no propondrá ninguna intervención divina, salvo que la pidamos.

Afortunadamente, el perdón radical proporciona las herramientas perfectas para pedir dicha asistencia porque en su proceso demuestras a Dios que has visto más allá del ego y atisbado la verdad, esto es, que sólo el amor es real y que somos uno con Dios, incluidos los que a primera vista parecen ser enemigos nuestros.

El ego como amoroso guía

La otra alternativa –más simpática– de considerar el ego, que me parece igualmente sostenible y para ser sincero más atractiva, sostiene que lejos de ser nuestro enemigo el ego forma parte de nuestra alma y que desempeña el papel de guía en el mundo de la humanidad.

Su papel consiste en proporcionar oportunidades a lo largo de nuestra vida que ponen plenamente a prueba nuestra habilidad en cumplir con la misión que planificamos cuidadosamente antes de encarnarnos y cuyo propósito original era vivenciar un cierto volumen acordado de separación. Cuando alcanzamos el grado de separación por el que firmamos, el proceso de despertar puede iniciarse. Es entonces cuando se nos presenta el perdón radical.

Por cierto, no me cabe la menor duda de que por el hecho de haber elegido este libro y haberlo leído hasta aquí sin arrojarlo contra la pared, has alcanzado el punto de despertar o has llegado aún más lejos. Esto no significa que estás totalmente despierto todo el tiempo, pocas personas lo están, pero al menos empiezas a ver lo que es real y a recordar la verdad. Si deseas conseguir una explicación completa y detallada sobre la idea de nuestro voluntariado para vivenciar el dolor de la separación y luego, cuando alcanzamos el volumen que acordamos tener, del inicio del proceso de despertar, te remito a mi libro *Getting to heaven on a Harley*[3].

El único valor de pasar por la experiencia humana es precisamente vivenciar las cosas que el ego proporciona: la creencia en la dualidad, la separación, el dolor y el sufrimiento, la culpa y el miedo. Nuestro ego nos da la oportunidad de manifestar esos sentimientos al crear experiencias como el abandono, la traición, el maltrato, el rechazo, el divorcio, la enfermedad, la minusvalía, etc. Así, de acuerdo con este modelo, el ego es nuestro guía en todos esos excitantes viajes por la separación, el dolor y la incomodidad. No lo hace por malicia ni siquiera en beneficio de su propia supervivencia, como muchos maestros espirituales mantienen,

---

3   Literalmente: Subir al cielo sobre una Harley Davidson. *(N. de la T.)*

sino porque nos ama y sabe que necesitamos esas experiencias para nuestro crecimiento espiritual.

Nuestro otro guía es el yo superior que espera pacientemente mientras viajamos por lo ilusorio en compañía del ego hasta que estemos preparados para despertar. Es gracias a los dulces susurros del yo superior que despertamos poco a poco hasta finalmente recordar quiénes somos. A menudo es en esa etapa de nuestra vida en que cambiamos de dirección y nos concentramos menos en las cosas materiales y nos despierta más interés servir a los demás.

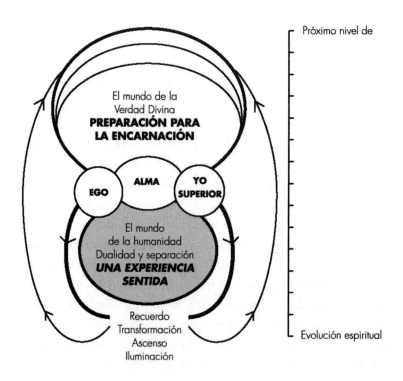

Ilustración 6: El viaje del alma.

Te invito a considerar ambas definiciones del ego como ciertas. Mi percepción es que la primera lo es como explicación de nuestro descenso inicial a la forma física y de cómo llegamos a considerar retrospectivamente (de un modo erróneo) ese acontecimiento. La segunda enraíza en una verdad más profunda, y es que necesitamos al ego para ayudarnos a cumplir nuestra misión.

Quizá sean dos cosas diferentes, no lo sé, pero en realidad no importa. Cada definición me ayuda a dar sentido a la experiencia humana en términos de verdad espiritual y confío en que hagan lo mismo por ti.

7   Escondites y chivos expiatorios

*P*ARA EL CONCEPTO de perdón radical es esencial llegar a comprender el papel que desempeñan los dos mecanismos defensivos psicológicos de represión y proyección del ego en la manera en que sanamos relaciones. A tal efecto puede ser útil examinar los mecanismos de cada uno de ellos.

Al operar conjuntamente, la represión y la proyección hacen grandes estragos en nuestras relaciones personales y en nuestras vidas. Juntas crean y mantienen el arquetipo de víctima. Comprender cómo funcionan nos da el poder de contrarrestar la utilización que el ego hace de ellas para mantenernos separados unos de otros y de Dios.

Represión

Al funcionar como mecanismo psicológico normal de defensa la represión tiene lugar cuando sentimientos como el terror, la culpa o la rabia se vuelven tan insoportables que la mente los bloquea completamente para que no lleguen a la conciencia. Esto convierte a la represión en un poderoso dispositivo de seguridad mental, porque sin este mecanismo de bloqueo nos volveríamos locos fácilmente. Trabaja con tanta eficacia que no queda ningún recuerdo de los acontecimientos ni de los sentimientos relacionados. Permanecen del todo congelados fuera de alcance para la percepción consciente durante días, semanas años y a veces toda una vida.

Supresión

La supresión no se debe confundir con la represión, es un mecanismo de defensa similar pero menos severo. La supresión ocurre cuando *conscientemente* nos negamos a reconocer emociones que no queremos sentir o expresar. Aun sabiendo que están ahí, intentamos apartarlas o compactarlas y rechazamos ocuparnos de ellas. Pero negarlas repetidamente durante largos períodos de tiempo puede conducir a un aletargamiento de las mismas equivalente a haberlas reprimido.

Culpa y vergüenza reprimidas

La culpa y la vergüenza no son lo mismo. Sentimos culpa cuando consideramos que hemos *hecho* algo malo. La vergüenza nos arrastra a un nivel más profundo de culpa en el cual tenemos la sensación de *ser* realmente malos. Con la vergüenza, el ego nos hace sentir intrínsicamente en falta en el núcleo de nuestro ser, es la sensación que mejor nos separa de los demás y de todo. Esa vergüenza puede ser tan fuerte que no tenemos más remedio que reprimirla pues de otra manera no la podríamos manejar.

La vergüenza bloquea la energía

Es fácil avergonzar a los niños, por ejemplo, cuando se mojan, tienen una erección, se enfadan, se muestran tímidos, etc. Aunque estas cosas sean naturales el niño, sin embargo, siente vergüenza y los efectos acumulados de este sentimiento pueden llegar a ser insoportables. Por consiguiente reprime su vergüenza, pero ésta permanece en la mente inconsciente al igual que en el cuerpo. Se queda encerrada dentro del sistema a nivel celular y produce un bloqueo de energía en lo físico. Si permanece sin solución durante mucho tiempo, dicho bloqueo desemboca en problemas mentales/emocionales, físicos o de ambos tipos. La emoción reprimida es reconocida hoy en día por muchos investigadores como una de las principales causas del cáncer.

Emociones reprimidas

Un acontecimiento traumático como el fallecimiento de su padre o su madre puede inducir a un niño a reprimir la emoción. Lo mismo puede ocurrir ante un comentario crítico en apariencia insignificante y casual que interprete equivocadamente como significativo o un acontecimiento asumido de forma errónea como culpa. Un niño casi siempre interpreta que un divorcio, por ejemplo, es culpa suya. Es más, las investigaciones revelan que el niño recuerda las conversaciones que sus padres mantuvieron cuando aún estaba en el vientre de su madre. Una discusión sobre un embarazo no deseado antes de su nacimiento puede hacer que un niño se sienta no deseado y tema ser abandonado. Tales sensaciones serían reprimidas incluso en edad tan precoz en la vida de un niño.

Culpa generacional

Es común que grupos y nacionalidades repriman sentimientos de culpa generacionales acumulados. Sin duda, éste es el caso ahora entre norteamericanos negros y blancos con respecto a la esclavitud. Los problemas raciales actuales son ramificaciones de la culpa no resuelta y reprimida entre los blancos y de la rabia no resuelta y reprimida entre los negros.

Mis talleres me han revelado que gran parte del dolor que la gente soporta no es suyo y puede remontarse sobre varias generaciones. Muy a menudo es la congoja de sus padres que han asumido pero también puede ser la de sus abuelos o de sus hermanos. Cuando somos niños nuestra energía es más pura y menos fracturada que cuando nos convertimos en adultos, de esta manera el niño se siente capaz de llevar ese dolor mientras que un adulto herido no puede. Pero los niños se olvidan de devolverlo y lo convierten en suyo.

El lado oscuro

También experimentamos intensa vergüenza sobre aspectos de nosotros mismos que no nos gustan y, por consiguiente, desautorizamos. Carl Jung, el conocido psicoanalista suizo, lo llamaba «la sombra» porque representa nuestro lado oscuro, esa parte nuestra que no queremos ver o no queremos que sea vista. Esa parte nuestra sabe que somos capaces de matar a otro ser humano, sabe que podríamos haber participado en los campos de concentración en caso de ser alemanes en aquella época; sabe que podríamos haber poseído y brutalizado esclavos de haber sido blancos en el Sur de Estados unidos antes de la guerra civil; que podríamos herir o violar; que es insaciable y codiciosa, llena de rabia y de deseos de venganza o de una u otra manera retorcida e inaceptable.

Cualquier característica similar en nosotros mismos o en áreas de nuestra vida que nos produzca sentimientos de vergüenza la catalogamos como sombra nuestra y la reprimimos.

Sentados sobre un volcán

¡Reprimir ese tipo de energía es como estar sentados sobre un volcán! Nunca sabemos cuándo cederá nuestra fuerza cediendo paso a la lava (la sombra) que arrollará y provocará desastres en nuestro mundo. Esto explica por qué necesitamos conseguir un chivo expiatorio en el cual proyectar toda esa vergüenza. De esta manera nos deshacemos de ella, por lo menos temporalmente.

Proyección

Incluso después de reprimir los sentimientos y/o los recuerdos asociados con un acontecimiento de la vida, sabemos a nivel inconsciente que la vergüenza, la culpa o la autocrítica correspondientes siguen ahí con nosotros. Entonces intentamos librarnos de ese dolor *sacándolo de nosotros mismos* y lo transferimos a otra persona u otra cosa, ahí afuera. Este proceso de proyección nos permite olvidar que incluso nosotros tenemos tales sentimientos.

Cuando proyectamos en otra persona lo que no queremos en nosotros la vemos antes que a nosotros mismos poseyendo esas características. Entonces, si reprimimos nuestra culpa y luego la proyectamos, hacemos que el otro sea el malo. Si reprimimos nuestra ira y luego la proyectamos, consideramos que es el otro quien está enfadado. Le podemos acusar de todas las cosas de las que tememos podrían acusarnos. ¡No es de extrañar, pues, que sintamos tanto alivio al proyectar! Al hacerlo convertimos al otro en responsable de todo lo terrible que nos ocurre y que nos hace sentir tan negativos con respecto a nosotros mismos. Entonces podemos exigir que sea castigado para así sentir con más intensidad que la razón está de nuestro lado y que estamos a salvo de sus ataques.

Ilustración 7: Proyectando nuestra vergüenza reprimida.

Esto explica por qué nos encanta mirar las noticias en la televisión. Éstas nos proporcionan una oportunidad de proyectar toda nuestra culpa y vergüenza sobre los asesinos, los violadores, los políticos corruptos y de-más *malas* personas que vemos en la pantalla. Después, podemos irnos a la cama sintiéndonos divinamente con nosotros mismos. Las noticias y el resto de los programas de televisión que ponen en evidencia *mala* gen-te y *malas* situaciones nos proporcionan un sinfín de chivos expiatorios muy convenientes en los que proyectar.

Reconoce cuándo estás proyectando

En cuanto te sorprendas a ti mismo juzgando a otra persona y enfadán-dote sabrás que estás proyectando. La rabia es compañera permanente de la proyección porque siempre usamos esta emoción para justificar la pro-yección de nuestro auto-odio.

Lo que te parece tan objetable en otra persona es el reflejo de esa parte de ti que has rechazado o negado en ti (tu sombra) y a cambio has proyectado en otro. De lo contrario, no estarías enfadado.

Si lo dices, lo tienes

Parece que el otro está haciendo algo para enfadarte. No obstante si asu-mes que los sentimientos empiezan contigo, no con él, soltarás la necesidad de sentirte una víctima y te darás cuenta de que la persona está haciendo estas cosas no *a* ti sino *para* ti, permitiéndote recuperar la proyección y amarla dentro de ti.

Aunque en principio la represión y la proyección estén destinadas a ser válvulas de escape temporales para el psiquismo, el ego las anexa y la utiliza como medio para aumentar y prolongar la sensación de separación. Así la negación, la represión y la proyección se convierten en formas de ser permanentes para nosotros, por lo menos hasta que despertemos.

Llegados a este punto, tomamos poco a poco conciencia de estos mecanismos y de cómo los usamos para crear y mantener la separación. Nuestra tarea entonces es dejar de serles adictos y de empezar a asumir la responsabilidad de estar creando las circunstancias de nuestra vida en lugar de condenarlo todo en los demás.

El miedo a la intimidad

Cada persona con la que nos encontramos nos proporciona una oportunidad de elegir entre proyección y perdón, unión o separación. No obstante, cuanto más intimamos con alguien más se va acercando a nuestro auténtico ser. Así es más que probable que llegue a descubrir todo este desagradable material (el material de nuestra sombra) que hemos negado y reprimido. Esa perspectiva genera en nuestro interior un miedo espantoso y la tentación de proyectar se vuelve prácticamente irresistible. El miedo a la intimidad se torna tan fuerte que la relación corre el riesgo de disgregarse. La mayoría lo hacen a los seis meses o un año, a menudo con mucha acritud y dolor.

Toda relación es una ocasión para sanar

Estar despierto significa entender cómo funciona todo esto y cómo nuestro ego ha utilizado sabiamente nuestra inteligencia espiritual, que siempre nos orienta en la dirección de la sanación y del crecimiento, para proporcionarnos personas cuyo papel es reflejarnos nuestras propias proyecciones y nuestro auto-odio reprimido. Sólo entonces podemos sanar la separación dentro de nosotros y convertirnos en un todo. Para esto están las relaciones personales.

Como vimos en la historia de Jill, el perdón radical puede salvar una relación (Jill y Jeff siguen felizmente casados). Sin embargo ésta no es necesariamente la meta. Si el verdadero propósito de la relación se ha cumplido, es decir, que las personas han sanado, puede que la relación se disuelva de manera natural y pacífica. Cuando ambas partes entienden el perdón radical y utilizan el método la separación puede ser amistosa, respetuosa y relativamente indolora.

Si, por el contrario, la relación se rompe antes de que la sanación haya tenido lugar, las partes tenderán a buscarse otra pareja de características muy similares que volverán a activar los mismos temas. Muchos de nosotros lo hacemos una y otra vez y, a menudo, detectamos el patrón muy claramente cuando reaparece.

8 Atracción y resonancia

COMO HEMOS visto en el capítulo anterior, proyectamos nuestra culpa y nuestra ira sobre personas que tienen la facultad de sintonizar con nuestros sentimientos y que se convierten en convenientes chivos expiatorios. Igual que una emisora de radio utiliza cierta frecuencia para emitir sus programas, nuestras emociones (energía en movimiento) vibran sobre ciertas frecuencias. La gente que sintoniza con nuestros sentimientos vibra al unísono y es más propensa a tener patrones de emoción similares a los nuestros –los mismos o los opuestos– y nos los reflejan.

Nuestras convicciones profundas también tienen su frecuencia. Al expresarlas en voz alta, dotamos a nuestras creencias de más energía aún y éstas adquieren propiedad de causa en el universo propiciando en nuestro mundo. Por añadidura, otras personas sintonizan con la frecuencia energética de dichas creencias. Al hacerlo, son atraídas a nuestra vida para devolvernos el reflejo de nuestras creencias. Esto nos ofrece la oportunidad de observar y, si es necesario, cambiar de mentalidad con respecto a dichas creencias.

No nos vuelven únicamente reflejos negativos. Por ejemplo si somos personas cariñosas y dignas de confianza, tenderemos a atraer a nuestra vida personas que son igualmente dignas de confianza y afectuosas.

Recordemos, como expusimos en la primera parte del libro, que mi hermana Jill tenía la convicción de que nunca era suficiente para ningún hombre. Esa creencia sintonizó con un hombre adicto al sexo. Ese hombre era el socio ideal para ella porque apoyaba su creencia al mantener relaciones sexuales con otras mujeres, demostrándole así que ella no era suficiente para él. Jill no percibió la conexión en aquella relación y, por consiguiente, no sanó la pena original que había generado esa creencia. Entonces encontró a otro hombre (Jeff) que sintonizó con su creencia. La apoyó de forma diferente utilizando como catalizador su propio asunto de dependencia con su hija Lorraine. En esta situación ella sí vio la conexión y se dio cuenta de que él le reflejaba su creencia de no ser suficiente y ambos sanaron.

Si quieres saber lo que te disgusta de ti mismo y has descalificado no tienes más que mirar lo que te molesta en la gente que entra a formar parte de tu vida. Mira en el espejo que proveen. Si atraes a mucha gente enfadada, es que probablemente no has atendido a un enfado propio. Si la gente parece reprimir su amor hacia ti, es que alguna parte de tu persona no está dispuesta a dar amor. Si la gente parece robarte cosas, es que parte de ti no actúa honestamente o se siente deshonesta. Si te traicionan quizá es que traicionaste a alguien en el pasado.

Considera también los temas que te irritan. Si te subleva la cuestión del aborto, tal vez signifique que parte de ti muestra poco aprecio por la vida de otro modo o que una parte de ti mismo sabe que serías capaz de maltratar a un niño. Si te enciendes en contra de la homosexualidad, quizá sea porque no aceptas la parte de ti mismo que a veces siente esa inclinación.

Galería de los espejos

Los reflejos no siempre aparecen con tanta nitidez o sencillez. En ocasiones, no nos identificamos tanto con el comportamiento en sí como con el significado subyacente que guarda para nosotros. Un hombre que se enfada porque su esposa come demasiado y es obesa quizá no sintonice con ninguna tendencia personal a comer demasiado sino con la utilización que hace ella de la comida como un modo de evitar enfrentarse a sus problemas emocionales, porque le devuelve el reflejo de su propia tendencia a huir de los problemas emocionales.

Ver con claridad lo que otros nos reflejan se puede convertir en algo así como ver miríadas de imágenes distorsionadas en una galería de espejos.

Inversión automática de la proyección

La belleza del perdón radical radica en el hecho de que no es preciso que identifiquemos lo que estamos proyectando. Sencillamente perdonamos a la persona por lo que ocurre en un momento dado. Al hacerlo deshacemos de paso la proyección, sin importar lo complicada que sea la situación. La razón para ello es simple, y es que la persona representa la pena original que nos llevó a proyectar la primera vez. Al perdonarla despejamos la pena original. Irónicamente, la gente que más parece irritarnos es la que, en el plano del alma, más nos ama y apoya. Suelen ser las almas con las que antes de encarnarnos acordamos hacer ciertas cosas durante esta vida. Casi siempre, y con una importante inversión por su parte de malestar, esos individuos procuran enseñarnos algo acerca de nosotros mismos y animarnos a seguir adelante hacia nuestro despertar. Recuerda que no se trata de un intercambio de persona a persona. De hecho, lo más probable es que las personalidades colisionen terriblemente. Por su lado, las almas de los actores son las que montan el escenario con la esperanza de que la persona acabe viendo la verdad.

No hagas de la vida un asunto personal

Quién entre en nuestra vida para ayudarnos a cumplir con esa tarea es en realidad irrelevante. Si cierta persona no se encarga del trabajo, lo hará otra. La tragedia es que, como víctima, rara vez lo entendemos. Nos imaginamos que nos hemos convertido casualmente en la infortunada diana del comportamiento nocivo de cierta persona. No caemos en la cuenta de que quizá, en el plano anímico, hemos atraído esa persona y esa situación hacia nosotros por una razón, y que si no llega a ser ella habría sido otra. Sentimos, de forma equivocada, que si no fuera por esa persona no habríamos tenido el problema. Dicho de otra manera, consideramos que el problema está enteramente relacionado con esa persona por lo cual nos sentimos justificados de dirigir nuestro odio y resentimiento hacia ella por causarnos dolor e infelicidad.

Condenar a los padres

A menudo oímos esa clase de condena cuando la gente habla de sus padres: «De haber tenido otros padres, me sentiría perfectamente y realizado en la actualidad». ¡Falso! Podrían haber elegido a otra pareja, eso es cierto, pero les habría proporcionado exactamente la misma experiencia porque es lo que su alma quería.

Repetir patrones de relación

Cuando nos vemos como víctimas, no pensamos más que en matar al mensajero y nos perdemos el mensaje. Esto explica por qué la gente va de matrimonio en matrimonio recreando la misma dinámica de relación cada vez. No captan el mensaje con el primer cónyuge, así que siguen adelante en busca de otro que retransmita el mensaje que el último intentó entregar.

Codependencia y proyección mutua

También encontramos a otras personas en las que proyectar el odio que sentimos hacia nosotros mismos y que no sólo lo aceptan sino que, a su vez, proyectan el suyo en nosotros. Llamamos a este tipo de acuerdo una relación codependiente o adictiva. Esa persona especial nos compensa por lo que echamos de menos en nosotros mismos demostrándonos de continuo que estamos perfectamente, y así evitamos sentir vergüenza por lo que somos. A cambio hacemos lo mismo por ellos y ambos aprendemos a manipularnos mutuamente con un amor muy condicionado y basado en un solapado sentimiento de culpa (el estereotipo de la madre judía es un perfecto ejemplo de ese arquetipo). En cuanto el otro retira su aprobación nos vemos forzados a confrontarnos otra vez con nuestro sentimiento de culpa y de autoaversión, y todo se colapsa. El amor se convierte enseguida en odio y ambas partes se atacan. Esto explica el fracaso de muchas relaciones frágiles que, en un principio, parecían solidarias y amorosas y se convierten de golpe en un caldero de odio.

9   Causa y efecto

*L*A LEY DE CAUSA y efecto es el núcleo de la idea con que creamos nuestra propia realidad. Dicha ley determina que toda acción produce una reacción equivalente. Por lo tanto, toda causa tendrá un efecto y cada efecto ha tenido una causa. Como los pensamientos son por naturaleza causales, cualquier pensamiento produce un efecto en el mundo. En otras palabras y en gran parte de modo inconsciente, nosotros mismos creamos nuestro mundo, el mundo de la humanidad, con nuestros pensamientos.

Cuando vibramos a alta frecuencia, como cuando oramos, meditamos o contemplamos, podemos crear consciente e intencionalmente con los pensamientos. Sin embargo, solemos hacerlo de forma bastante inconsciente. Los pensamientos individuales aleatorios no contienen mucha energía y, por lo tanto, su efecto es relativamente escaso. Pero los pensamientos acompañados de mucha energía –especialmente la emocional o la creativa– tienen un efecto mucho mayor sobre el mundo. Por consiguiente, su papel a la hora de crear nuestra realidad es determinante.

Cuando un pensamiento acumula tanta energía como para transformarse en una creencia tiene aún mayor efecto en el mundo. Se convierte en un principio operativo en nuestras vidas y entonces creamos efectos, es decir, circunstancias, situaciones, incluso acontecimientos físicos que confirman esa creencia. Lo que creemos acerca del mundo produce lo que siempre será para nosotros.

La aceptación del principio de que el pensamiento es creativo es fundamental para la comprensión del perdón radical pues nos permite ver que lo que acontece en nuestra vida representa lo que hemos creado con nuestros pensamientos y nuestras creencias. Nos permite ver que sencillamente estamos proyectando en el mundo todos nuestros pensamientos y creencias acerca de *cómo son las cosas*.

Proyectando la ilusión

Para recurrir a una metáfora, digamos que estamos pasando una película titulada «Realidad a través de nuestra mente (el proyector)» y la proyectamos ahí afuera.

En cuanto entendemos que lo que llamamos realidad es tan sólo una proyección nuestra, en lugar de condenar a los demás empezamos a asumir la responsabilidad de lo que hemos creado con nuestros pensamientos. Cuando cambiamos de percepción y soltamos la creencia de que lo que aparece en la pantalla representa la realidad, experimentamos el perdón radical.

Ilustración 8: Proyectando nuestra propia realidad.

La conciencia determina lo que ocurre
Parece difícil ver el principio de causa y efecto operando en nuestras vidas pero éste se vuelve evidente si le seguimos la pista a partir de las cosas

que nos ocurren. Dicho de otro modo, si quieres conocer tus creencias tan sólo observa los acontecimientos. Ellos te dirán lo que estás proyectando. Por ejemplo, si sigues siendo atacado o te ocurren desastres la correspondencia es que crees que el mundo es de por sí un lugar peligroso. Estás creando esos acontecimientos para demostrarte que tienes razón en esto, los demás te apoyan en esa creencia y aparecen en tu vida comportándose de una manera amenazante o peligrosa.

Unos amigos míos tienen un centro espiritual para impartir seminarios en las montañas de Carolina del Norte. Werner, prudente por naturaleza, pensó que él y su mujer, Jean, debían contratar un seguro para proteger su edificio del fuego, las tormentas y los frecuentes tornados estacionales. Jean se resistía mucho a esta idea; sentía que contratar este seguro indicaría claramente al universo que no confiaban en su seguridad. Al año siguiente, una enorme tormenta cayó sobre la montaña donde viven y devastó la zona. Miles de árboles fueron arrancados de raíz y derribados. Cuando dos semanas después mi esposa y yo nos dejamos caer por allí no dábamos crédito a lo que veíamos, parecía una zona asolada por la guerra y habían tenido que cortar la vía de acceso. Cuando se desató la tormenta treinta y seis personas estaban asistiendo a una conferencia en el centro y no pudieron emprender el viaje de vuelta hasta dos días después. No obstante, a pesar de los árboles caídos ni un solo coche ni parte alguna del edificio fueron alcanzados y eso que estaban metidos entre árboles. Éstos cayeron a pocos centímetros de las estructuras y de los coches milagrosamente sin dañar nada. Para mis amigos ésta fue una gran confirmación de su fe y de su voluntad de tener confianza.

Considerando este hecho desde la perspectiva de causa y efecto, Jean se dio cuenta de que contratar un seguro reforzaba la creencia (la causa) en la adversidad, lo que crearía la energía para que algo malo (el efecto) sucediese. En lugar de eso, eligió el pensamiento (causa): «Aquí estamos trabajando para Dios y estamos completamente a salvo». El efecto, tal como se manifestó en el mundo, fue que en medio mismo del caos nada malo ocurrió.

Como ya he dicho, si quieres conocer tus creencias, mira lo que hay en tu vida, o lo que no hay. Si, por ejemplo, no tienes amor y no pareces capaz de crear una relación amorosa examina tus creencias sobre la autovalía o seguridad con el otro sexo. Por supuesto, tal vez no sea tan fácil como suena porque tus creencias pueden estar profundamente sepultadas en tu inconsciente.

No necesitas saber por qué

La buena noticia es que no necesitas saber por qué creaste tu situación o qué creencias te condujeron a ello. El mero hecho de ver la situación como una oportunidad de percibirla de forma diferente, *estar dispuesto* a considerarla perfecta es suficiente para suscitar el cambio de percepción requerido y la sanación de la pena original.

La verdad es que, desde el mundo de la humanidad, no podemos saber por qué una situación es como es porque las respuestas residen en el mundo de la verdad divina y que conocemos poco o nada de ese mundo mientras tenemos forma humana. *Todo lo que podemos hacer es entregarnos a la situación.*

Tan sólo entrégate

Si para que ocurra el deseado cambio hacen falta nuevas perspectivas, conexiones, recuerdos, movimientos emocionales y otros acontecimientos psíquicos, éstos aparecerán automáticamente y sin control consciente. Si intentamos entenderlo todo y manipular el proceso que se va desplegando, se originará resistencia y se bloqueará completamente el proceso, lo cual nos pondrá directamente bajo la influencia del ego.

Liberarse de la ley

Es importante darse cuenta de que la ley de causa y efecto se aplica sólo al mundo de la humanidad. Es una ley física, no una ley espiritual. Crear una plaza libre de aparcamiento o cualquier otra cosa material que desees y plasmes con tu mente sigue siendo una manipulación de la ilusión. Tiene muy poco que ver con ser espiritual como tal. En realidad, si imaginamos que somos especiales por lo bien que manifestamos cosas en el mundo, no hacemos más que incrementar nuestra sensación de separación y reforzamos el ego.

Cuando renunciamos de verdad a la necesidad de saber el porqué o el cómo de todas las cosas y a la de controlar el mundo, y nos entregamos sinceramente a lo que es tal como es, sabiendo que el amor de Dios está en todo, trascendemos por completo la ley de causa y efecto. Entonces entendemos que el karma es otro cuento que existe sólo en nuestra mente en el mundo de la humanidad. No existe tal cosa como el karma o causa y efecto en el mundo de la verdad divina. Sólo está la causa primera, que es Dios.

No obstante, si nos entregamos a actividades y hábitos coherentes que produzcan un aumento significativo de nuestra vibración (mediante la utilización continua y sostenida del perdón radical durante un largo período de tiempo, por ejemplo) podemos llegar a convertirnos en causa primera.

Esto contrasta mucho con la situación en que nos encontramos la mayoría de nosotros actualmente, donde somos siempre el efecto en este mundo de causa y efecto, viéndonos obligados a reaccionar a lo que parece ocurrir ahí afuera.

Dentro de no mucho tiempo, cuando hayamos elevado nuestro nivel de vibración y conjuguemos toda nuestra energía y conciencia en el modo presente en lugar de estar varados en el pasado o el futuro, tal vez nos encontremos con que ya no notamos tanto las sincronías sino que nos hemos *convertido* en la sincronía misma.

Para saber más acerca de cómo evaluar tu propio nivel de vibración, de cómo aunaste esfuerzos contra los *iluminados* y cuánta vibración de cierto nivel haría falta para cambiar la conciencia del planeta, te recomiendo la obra de David Hawkins *Poder contra fuerza*.

10 Misión *perdonar*

NADIE PUEDE pensar que su viaje del alma ha terminado mientras todos (como especie) no hayamos completado la misión que creamos para nosotros mismos. Consiste nada menos que en transformar las energías del miedo, la muerte y la dualidad mediante la comprensión total de que no estamos en absoluto separados de Dios y de que esas energías no son más que una ilusión. Es nuestra misión colectiva. Cada uno de nosotros es una expresión individual de esa misión, y la vida que creamos para nosotros mismos aquí en el mundo de la humanidad sirve enteramente a ese propósito. No hay excepciones. Lo sepamos o no, todos nos encontramos en esa senda espiritual.

Nuestra misión individual

La decisión de con qué energías trabajamos en el plano terrenal no la tomamos nosotros a nivel humano. Dicha decisión es anterior a nuestra encarnación y es tomada por nuestro grupo de almas, un grupo al que pertenecemos, compuesto de almas que se encarnan con nosotros o actúan como guías espirituales durante nuestra encarnación.

Una vez decididas las energías con las que trabajaremos, elegimos cuidadosamente a los padres que nos proporcionarán las experiencias que necesitamos como niños y determinamos cómo los demás irán apareciendo en el momento oportuno para desempeñar sus respectivos papeles en las vivencias necesarias al cumplimiento de nuestra misión. Así, creamos dramas a lo largo de nuestras vidas físicas que nos permiten experimentar los sentimientos que estructuran nuestra misión. Dichos dramas sirven de oportunidad para vivenciar la separación que hemos venido a experimentar. Luego podemos despertar, perdonar y recordar quiénes somos.

Misión amnesia

Vista desde el mundo de la verdad divina antes de la encarnación, la misión parecía fácil. Sin embargo, una vez encarnados adquiere cierto nivel de dificultad. No sólo es debido a que la densidad de la energía es mayor en el mundo de la humanidad sino a que la misión se debe emprender sin rastro de conciencia de haber elegido esta experiencia. Si supiéramos (recordáramos) la verdad acerca de nuestro propósito, la experiencia no tendría sentido.

¿Cómo recordar quiénes somos si nunca lo hemos olvidado? Por ello, el espíritu crea la experiencia humana de tal manera que cuando nacemos en nuestros cuerpos perdemos todo recuerdo de nuestra misión y toda conciencia de que la vida en el plano físico es, de hecho, un montaje.

Para cumplir con nuestra misión (transformar energías) debemos experimentar a fondo dichas energías. Por ejemplo, para transformar la energía de víctima tenemos que sentirnos totalmente victimizados; para transformar la energía del miedo, debemos sentirnos aterrorizados; para transformar la energía del odio, debemos consumirnos de odio. En otras palabras, debemos meternos de lleno en la experiencia del ser humano. Sólo cuando hayamos sentido las emociones vinculadas con esas energías obtendremos la capacidad de adentrarnos en su perdón total. Y, al perdonarlas, recordaremos quiénes somos.

Desde este punto de vista, queda claro que nunca estamos en posición de juzgar a nadie. Una persona llena de odio puede haber elegido como misión transformar dicha energía. Por lo tanto, su comportamiento lleno de odio, aunque parezca perjudicar a otros (que quizá se han propuesto como misión ser el objeto del odio), nunca es ni bueno ni malo. Su comportamiento lleno de odio tan sólo representa lo que es preciso que ocurra para transformar la energía del odio.

La energía del odio se transforma cuando alguien percibe el odio, ve el amor que hay por debajo y perdona al otro por odiarle. En ese momento, el corazón se abre y el amor fluye entre esas dos personas. Entonces el odio se transforma en amor. El despertar es el resultado de un continuo proceso de transformación de las energías de toda clase de separación.

La historia de Janet

Janet tenía cáncer y acudió a uno de mis primeros retiros sobre el cáncer, pero su tumor no era lo único que la estaba consumiendo. También la ira que sentía hacia su hija Melanie, de veintitrés años.

Sin lugar a dudas, Melanie se comportaba de forma muy agresiva; agredía a Janet verbalmente así como a su nuevo esposo, Jim, y por su parte se había juntado con un hombre bastante desagradable. Janet explicaba: «La odio con todas mis fuerzas. Su comportamiento hacia mí y Jim es simplemente abominable y no lo soporto más. La odio de verdad».

Indagamos un poco más en la historia personal de Janet y encontramos que había existido una relación similar entre ella y su propia madre. No había sido tan evidente ni dramática como el conflicto con Melanie, pero la dinámica era similar. Janet estaba resentida por el control excesivo que su madre había ejercido sobre ella al intentar controlar su vida. Janet no se rebeló como Melanie. Al contrario, se había vuelto retraída y fría con su madre.

Empezamos a explorar cómo la dinámica con Melanie reflejaba la voluntad de su alma en ayudarla a sanar los asuntos pendientes con su madre, pero Janet no estaba dispuesta a verlo así. Estaba demasiado enojada para escuchar algo que no correspondiese con sus sentimientos. Así que le pedimos que explorara su ira, que la sintiera y expresara golpeando un cojín con una raqueta y gritando. (La liberación de ira es muy eficaz si se combina la acción física con el uso de la voz.) Liberó algo de ira por su madre, pero la que sentía hacia Melanie seguía ahí.

El Satori de Janet

La sesión de aquella tarde estaba dedicada a la respiración Satori. Para la experiencia de la respiración Satori y su uso para sanar, todos los componentes del grupo se tumban en el suelo y respiran consciente y vigorosamente alrededor de una hora oyendo música a gran volumen (*véase* capítulo 27). Aunque resulte extraño, respirar de esta forma a menudo tiene como resultado una liberación emocional, así como una comprensión y una integración del cambio a nivel celular. Aquella tarde, Janet tuvo su Satori, su despertar.

Tras la sesión de respiración, los presentes compartieron lo que habían vivido durante el ejercicio. En cuanto Janet empezó a contar su experiencia supimos que algo importante había ocurrido. Su voz era suave y dulce, cuando antes era dura y cortante; su postura era relajada y receptiva, cuando antes había sido tensa y contraída. No quedaba rastro de la ira que llenaba su ser y que todos habíamos percibido previamente emanando de ella. Estaba tranquila y visiblemente en paz. De hecho, no parecía la misma persona. Así es cómo describió su experiencia:

«No tengo ni idea de lo que esto significa. Todo lo que sé es que vi algo mientras respiraba y parecía más real que todo lo que pueda describir. No pasó gran cosa durante un tiempo después de empezar a respirar. De pronto, me encontré flotando en el espacio, ahí fuera, en el éter. No estaba dentro de un cuerpo y supe sin lugar a dudas que volvía a experimentar un tiempo antes de llegar a mi vida actual. Yo era puro espíritu. Nunca me he sentido tan en paz y tranquila. Entonces me di cuenta de que ahí estaba Melanie, también en forma de espíritu. Se acercó y empezamos a bailar juntas, sólo bailar en el espacio sin límites. Después hablamos de llegar juntas a nuestro próximo tiempo de vida, el actual tiempo de vida. La gran cuestión que teníamos que decidir era quién iba a desempeñar qué papel. Quién asumiría el papel de madre y quién el de hija. No tenía mucha importancia porque de cualquier modo iba a ser una tarea muy difícil para ambas, una prueba muy dura para nuestro amor. Teníamos que decidir, entonces elegimos que yo sería la madre y ella la hija, y que nos encarnaríamos inmediatamente. Y ya está. No parece que ocurriera gran cosa pero en realidad sí. No puedo expresarlo con palabras. Soy incapaz de describir la profundidad y el significado de lo que experimenté.»

Energías transformadas

Comentamos su experiencia y examinamos la noción de misión sugerida por la visión de Janet. Algunas personas del grupo se emocionaron mucho con su vivencia y hallaron paralelismos en sus propias vidas. Le sugerí a Janet no comentar absolutamente nada de esto con Melanie a la vuelta del retiro. Unos días después, Melanie llamó a su madre y le preguntó si podía venir a verla y hablar. Janet aceptó y, aunque el primer encuentro tuvo visos de tentativa con reserva, la relación entre ambas cambió drásticamente. Melanie dejó muy pronto su comportamiento extraño, despachó al desaborido novio y volvió a casa para estar con su madre y cuidarla durante su enfermedad. Se convirtieron literalmente en las mejores amigas y eran bastante inseparables después de eso. Además, la madre de Janet empezó a llamar más a menudo y progresivamente esta relación también mejoró.

En este ejemplo, la transformación de las energías llegó por un camino indirecto. Janet se resistía mucho a perdonar a Melanie. Su alma la guió para que asistiera al retiro y siguiera un proceso que la abrió a recordar el compromiso de su misión. Esto a su vez, le permitió ver la perfección dentro de la situación. Al perdonar a Melanie, transformó el odio en su relación y, como resultado, sanó la pena original con su propia madre.

La misión de sanar a la colectividad

Todos venimos para sanar aspectos de nuestra propia alma o los de nuestro grupo de almas pero algunos se encarnan para cumplir un papel más grande. Éste puede consistir en encargarse de ciertas energías que se desarrollan a nivel social, político, nacional e internacional y ofrecen a grandes grupos de personas la oportunidad de sanar.

Evidentemente, como en cualquier misión, quizá no parezca en absoluto como una oportunidad de sanar. Quizá tome la forma de una guerra, una hambruna o un desastre natural pero empezamos a ver las cosas de forma distinta cuando nos abrimos a la posibilidad de que el acontecimiento en cuestión esté propiciando la sanación de todo un grupo de almas y esté orquestado por el Espíritu para el sumo bien de todas las almas involucradas. Permíteme proponer algunos ejemplos realmente escandalosos.

1. Supongamos que el alma que se convirtió en Adolf Hitler lo hizo con la misión de transformar la conciencia de víctima del pueblo judío y la conciencia de superioridad del pueblo alemán.

2. ¿Y si Sadam Husein vino para ayudar a la conciencia estadounidense a transformar su sentimiento de culpa por la esclavitud y el maltrato a su propia gente? (*véase* mi nuevo libro *A Radical Encarnation*, que explora esta posibilidad).

3. Supongamos que Slobodan Milosevic vino para permitir a Estados Unidos proyectar en él su auto-odio a causa de la limpieza étnica que perpetró contra los nativos americanos.

4. ¿Y si el Gobierno chino tuvo que invadir el Tíbet para que el Dalai Lama se viera forzado a viajar por el mundo y a divulgar su bello mensaje más allá de las fronteras de su país?

5. Supón que el alma de la princesa Diana eligió morir exactamente como y cuando lo hizo para abrir el chakra corazón de Inglaterra.

En la primera edición de este libro, la historia de la princesa Diana aparecía en el epílogo. La incluí porque acababa de morir justo unos días antes de mandar el libro a la imprenta y quería que fuese una reflexión de última hora. Pero en esta nueva edición la incluyo en el presente capítulo por ser tan pertinente con el tema de la misión.

Cuando escribí por primera vez sobre la muerte de Diana, el suceso estaba muy fresco todavía en mi mente. El funeral acababa de tener lugar y el derrame emocional seguía. Me sentía inmerso en la vivencia y pienso que este hecho se nota en lo que escribí. Por este motivo, he decidido no alterar para nada la versión original a fin de que puedas sentir el Satori a través del que yo mismo experimenté.

Adiós, Rosa de Inglaterra

Empecé este libro con un relato sobre mi hermana Jill con el propósito de ilustrar cómo una situación aparentemente desesperada puede transformarse cuando la consideramos desde el punto de vista del perdón radical.

Pocos días antes de llevarlo a imprenta, el destino me brindó la oportunidad de concluir el libro con una historia igualmente instructiva y abierta a la perspectiva del perdón radical. A diferencia de la de Jill, ésta es conocida prácticamente en todo el mundo y al mismo tiempo está cargada de una profunda emoción. Me refiero por supuesto a la historia de la princesa Diana que operó su inesperado tránsito en la madrugada del sábado 31 de agosto de 1997.

El drama empezó para mí cuando mi amigo de toda la vida, Peter Jollyman, me despertó con una llamada telefónica desde Inglaterra. Para él era mediodía pero para mí en Atlanta era bastante temprano y aún no había leído ningún diario ni escuchado la radio. «¿Has oído lo del accidente?», me preguntó. «¿Qué accidente?», contesté, aún no del todo pero suficientemente despierto como para darme cuenta de que debía tratarse de un asunto muy serio para que llamara. «La princesa Diana murió anoche en un accidente de coche en París. Unos *paparazzi* la estaban persiguiendo. Su coche, fuera de control, dio vueltas de campana y se estrelló contra un pilar. Ella y Dodi murieron.»

Sentí una punzada de dolor atravesarme mientras le escuchaba contar los detalles lo mejor que podía en aquel momento que no duró mucho. Intenté parecer convenientemente consternado, pero me sentía realmente ambivalente al respecto.

«Muchísimos seres habían muerto durante las últimas veinticuatro horas», pensé después de colgar, «¿por qué su muerte iba a ser más o menos trágica que la de cualquier otro? Era su hora, nada más». Claro, sentí tristeza por sus dos hijos. Acto seguido, bajé las escaleras para ir a preparar el té y el desayuno.

Luego encendí la televisión y, a partir de aquel momento, empecé a dejarme llevar y a involucrarme con lo que iba a convertirse durante los días siguientes y hasta el de los funerales del sábado por la mañana en una montaña rusa de emociones.

A medida que pasaban los días entendí que algo bastante extraordinario estaba pasando. Las reacciones a la muerte de la princesa Diana –y no solamente en Inglaterra sino en el mundo entero– eran fenomenales. Vi por televisión que mi país sufría de corazón, los ingleses lloraban y se mostraban desconsolados en público, algo que para nada suelen hacer, y yo asimismo sentía las mismas emociones y lloraba con ellos. Estaba consternado al darme cuenta de que yo también estaba sufriendo. De alguna manera, me conmovía muchísimo esa mujer que yo nunca había conocido ni en la que había pensado mucho, sobre todo desde que hacía trece años vivía en Estados Unidos. Me sorprendió sentir la pérdida tan profundamente.

Así que empecé a prestar atención y a preguntarme qué estaba ocurriendo en realidad. Algo pasaba y tenía un significado extraordinariamente profundo. Emprendí una búsqueda interior del mensaje y del significado que ahí había. Estaba claro que la muerte de Diana tenía sentido más allá de las circunstancias aparentes y tan dramáticas de lo sucedido. Algún propósito superior se estaba desplegando ahí afuera, pensé.

El miércoles, de repente, lo entendí. Estaba viendo escenas de Inglaterra y presenciaba un gran derroche de emociones por parte de gente sin la menor tendencia a mostrarlas y menos aún abiertamente. De repente, supe cuál había sido la misión espiritual de Diana. El propósito cumbre de su encarnación había sido abrir el chakra corazón de Gran Bretaña y, al hacerlo, acelerar mucho la evolución espiritual del pueblo británico, nada menos. En todo caso, no tenía la menor duda de que lo había conseguido.

Nadie que observara los acontecimientos de aquella semana pudo dudar de que ella sola había transformado el país, así como gran parte del mundo, a nivel del corazón. Sólo un puñado de personas en el mundo son recordadas por haber conseguido tal efecto con la simple expresión de la energía de amor: Gandhi, Martin Luther King y Nelson Mandela, quizá; la Madre Teresa de Calcuta y Jesucristo, sin duda. No es de extrañar, pues, que la reina de Inglaterra inclinara la cabeza ante el féretro de Diana, algo antes nunca visto.

Aunque la realización humana y el ejemplo espiritual de la Madre Teresa, cuya vida y labor para la mayoría de la gente la acercaron a la santidad en vida, no admita comparación es, sin embargo, curioso observar que su muerte no eclipsó la de Diana en ningún momento. Aquellas dos mujeres, cuyas vidas conmovieron tan profundamente al mundo a través del amor auténtico murieron en un intervalo de pocos días como si esto tuviera un enorme significado espiritual.

A pesar de haber pasado dos guerras en un siglo, sufrido y soportado muchas pérdidas, los británicos vivieron esos tiempos con su legendario sentido del humor y su proverbial labio superior tenso pero en absoluto, y es honesto reconocerlo, con el corazón abierto. Esto tenía que esperar, no sólo el advenimiento de una princesa del pueblo sino su muerte divinamente planeada, aunque al menos para nosotros inoportuna y trágica.

Desde entonces, los comentaristas han intentado en vano explicar sus efectos sobre el mundo señalando nuestra fijación y voluntad en deificar celebridades que sólo conocemos por los medios de comunicación. Jonathan Alter en el *Newsweek* se acercó más que otros al citar lo que Richard Sennett en *The Fall of Public Man* (la caída del hombre público) llama la ideología de la intimidad y, según la cual, la gente busca significados personales en situaciones impersonales. El pueblo no la conocía personalmente y, en este sentido, ésta es una situación impersonal. Aun así, Diana trascendió los límites impuestos por el tiempo y el espacio, y de alguna manera conmovió el corazón de todos de una forma profunda que no tiene fácil explicación.

La clave para entender su poder como ser humano radica en el arquetipo del sanador herido que nos enseña que nuestro poder reside en nuestras heridas, en el sentido de que es la herida en mí la que invoca al sanador en ti y la herida en ti la que invoca al sanador en mí. Todos somos sanadores heridos pero no lo sabemos. Cuando mantenemos nuestras heridas ocultas y enteramente en la intimidad nos apartamos de la sanación y la negamos, no sólo a nosotros mismos, sino también a incontables otros. El labio superior tenso es una manera terrible de retraer amor; atrofia el corazón y daña el alma. Por su voluntad de compartir sus heridas más profundas con el mundo, la princesa Diana invocó al sanador presente en todos nosotros, abrió nuestros corazones y curó nuestras almas rotas.

El mundo entero fue testigo de que la gente recibía la señal de Diana y se abría, compartiendo su aflicción y su vulnerabilidad justo como ella había hecho. Dotó al pueblo de un lenguaje íntimo para expresar sentimientos abiertamente y con autenticidad. No recuerdo haber visto una sola expresión de emoción y sentimiento que no fuera auténtica, y en televisión hoy en día esto es realmente inusual.

A medida que fuimos todos emergiendo del dolor de la pérdida y ardía la mecha de la aflicción, la rabia y la proyección de culpa de nuestro insaciable apetito por la imagen de Diana y la curiosidad sobre su vida que la prensa y los *paparazzi* simplemente reflejaban para nosotros, empezamos a distinguir a través de las brumas y los velos la divina perfección de todo aquello. Cuanto más contemplamos la misión que ella aceptó y la magnitud de su triunfo más dispuestos estamos a rendirnos ante esa perfección.

Hallamos un nuevo nivel de paz al ir más allá de las emociones y los sentimientos que antes nos habrían atado al mundo de la humanidad por siempre y retenido como rehenes del arquetipo de víctima, y progresamos en la aceptación del hecho que el acontecimiento tenía que desplegarse tal como lo hizo. La misión requería la forma en que Diana se crió, el matrimonio que se tornó muy desafortunado, el rechazo que sufrió por parte de las instituciones reales, las críticas de la prensa, el acoso de los *paparazzi*, su dramática y violenta muerte, todo, hasta el más mínimo detalle.

Ahora que Diana ha vuelto a casa tras haber cumplido su misión, las energías que mantenían aquellas dinámicas empezaran a disiparse. No sólo ella queda libre de las mismas, también todas las personas involucradas en el drama que sabemos fue tan sólo una ilusión. El príncipe Carlos queda libre de volverse más cálido, menos distante y un padre más afectuoso con sus dos hijos, y no hay duda de que desea serlo. La prensa dirá que ha cambiado debido a lo que pasó, pero él sabrá la verdad del asunto.

Es probable que la reina se vuelva menos reservada, más abierta y no tan irrelevante. La monarquía misma trascenderá el culto de la personalidad y se convertirá en una institución más fuerte y significativa, no en respuesta directa a lo que ocurrió sino a causa del cambio de energía al concluir la misión y completarse la transformación.

Pero el hecho de que alguien abra el chakra de su corazón no garantiza que lo mantenga así. Es una cuestión de elección en cada momento. Lo mismo es cierto para la colectividad. Los británicos y otros pueblos del mundo se quedarán en la vibración de amor donde les catapultó la muerte de Diana y utilizarán ese poder para transformarse ellos mismos, su familia real, su sociedad, o se fijarán en la ilusión de lo que ocurrió condenando a Carlos, la familia real en general, los gobernantes, la prensa y otras personas. Si se decantan por lo último, será su elección y será perfecta a su manera, pero esto tendrá como efecto que el chakra del corazón colectivo se cierre de nuevo.

Este libro quizá tenga un papel que desempeñar en mantener abierto el chakra colectivo del corazón. Tal vez, la comprensión que has ganado al leerlo te permita mantener el enfoque no en la ilusión de lo que pasó en el túnel aquella noche en París, sino en la historia real de Diana de principio a fin y en la misión que la colmaba de sentido y trascendencia.

Puede que los lectores de este libro reconozcan de veras y acepten que, de la misma manera en que Jeff representó su papel para Jill en el relato incluido en la primera parte, Carlos cumplió perfectamente con su parte con respecto a Diana, como lo hicieron Camila Parker-Bowles y la reina. Quizá quede claro para los lectores que el drama convocó almas tan amorosas y valientes para que representaran su parte exactamente de la forma en que lo hicieron y, conviene subrayarlo, con un gran desgaste para cada una de ellas. El sacrificio de Carlos para la apertura del chakra del corazón de Inglaterra no fue menor que el de Diana; de hecho, en términos humanos ordinarios, puede que fuera mayor y le haya costado su corona, ¡ni más ni menos!

Quizá también resulte obvio que todo estaba acordado de antemano, antes de la encarnación en este mundo del alma de cada uno de los protagonistas, y que los *paparazzi* desempeñaron un papel esencial y amoroso en todo ello, al igual que las revistas que pagaban por conseguir fotografías indiscretas de Diana.

Los que sean capaces de reordenar las cosas según el perdón radical hasta reconocer que ahí no hubo víctima alguna serán como grandiosos faros de luz para los que en contraste elijan atender la ilusión, cerrar su corazón y perder la frecuencia del amor. Mi ferviente esperanza es que el lector que se sienta transformado por mi libro se convierta en un faro de amor, retomando el testigo que Diana dejó y ayudando a los demás a permanecer en esa vibración nueva y más elevada que su tránsito perfectamente secuenciado activó.

11 Transformar el arquetipo de víctima

COMO VIMOS en el capítulo anterior, nuestra misión original es transformar el arquetipo de víctima y elevar la conciencia del planeta. Pero ¿qué significa transformar algo? ¿Y cómo eleva esto la conciencia?

Lo primero que hay que comprender es que podemos cambiar algo sólo cuando lo elegimos como misión espiritual. No decidimos nuestra misión en este mundo, lo hicimos en el mundo de la verdad divina antes de encarnarnos.

En segundo lugar, hemos de darnos cuenta que transformar algo *de ninguna manera* significa cambiarlo. De hecho, para transformar algo debemos experimentarlo plenamente y amarlo tal como es. Por ejemplo ¿y si tu misión individual implicaba nacer en una familia maltratadora para vivenciar el maltrato de primera mano y conocerlo como víctima o como perpetrador? Recuerda que al encarnarte olvidas haber aceptado la misión. Si recordaras tu misión, no podrías experimentar la energía ni los sentimientos de víctima en su plenitud. La vivencia de ser victimizado es lo único que te permite darte cuenta de lo que subyace más allá de la ilusión de víctima y que es la proyección de tu sentimiento de auto-odio. Cuando se es capaz de ver más allá de la ilusión del maltratador, de reconocer en esas acciones una llamada al amor y de responder con amor total y aceptación, la energía de víctima se transforma y se eleva la conciencia de todos los involucrados. Además, la energía que mantiene el patrón de maltrato desaparece y el comportamiento cesa inmediatamente. En esto consiste la transformación.

Por otro lado, si no reconocemos la verdad en la situación o no vemos más allá de la ilusión e intentamos modificar las circunstancias físicas, encadenamos la energía que sostiene el patrón de maltrato en su lugar y nada cambia. Lo que resistes persiste.

Sólo el amor transforma

Sólo el amor tiene la capacidad de transformar energías como el maltrato a los niños, la especulación, el asesinato y el resto de los así llamados males del mundo. Ninguna otra cosa tiene efecto. Las medidas, de por sí humanas, que se tomen para cambiar estas situaciones como sacar a un niño de un entorno nocivo, no generan transformación. La razón es sencilla: en primer lugar derivan del miedo, no del amor. En segundo lugar, nuestra intervención y nuestros juicios mantienen los patrones energéticos del maltrato y los anclan todavía más.

Esto explica por qué la decisión de transformar algo sólo puede tomarse desde el mundo de la verdad divina. Los seres humanos estamos tan aferrados a nuestras creencias acerca del dolor y el sufrimiento, el miedo y la muerte, que aunque lleguemos a considerar que el alma de cierto niño haya venido a este mundo para vivenciar el maltrato y realmente quiera sentirlo, resulta imposible quedarnos parados y presenciarlo. La misión parece fácil desde el mundo de la verdad divina, pero las cosas se presentan muy diferentes aquí abajo, en el plano físico. ¿A quién se le ocurriría dejar a un niño en un entorno que le maltrata? No podemos evitar intervenir; al fin y al cabo ¡hacerlo es humano!

Como vimos en un capítulo anterior es preciso rendirnos ante la idea de que el Espíritu sabe lo que hace. Si una intervención a su favor no sirviese al supremo interés del niño, las cosas estarían dispuestas por el Espíritu de tal manera que nadie se enteraría. Si por el contrario, el Espíritu determina que una intervención sirve al bien supremo del alma del niño, la propiciará. No es nuestra decisión pero como seres humanos debemos siempre responder de la manera más humana, afectuosa y compasiva posible sabiendo al mismo tiempo que el amor está contenido en la situación.

El perdón radical transforma

Esto no significa que como humanos no podamos contribuir a la transformación de energías tales como el maltrato a los niños. Lo hacemos cuando aplicamos los recursos del perdón radical a la situación. Si perdonamos de verdad, en el sentido radical, a todos los seres involucrados en la situación de maltrato, conseguimos afectar al patrón energético. En última instancia, el niño tendrá que perdonar para que cambie el patrón. Sea cual sea la situación y estemos o no involucrados personalmente en ella, cada vez que cualquiera de nosotros elija ver la perfección en la situación se producirá inmediatamente un cambio de energía.

Una vez me pidieron que pronunciara un discurso en la conferencia anual de la Asociación Nacional de Mediadores. Disponía de unos cuarenta y cinco minutos ¡y estarían comiendo al mismo tiempo! Llegué pronto para oír los debates y hacerme una idea sobre su forma de pensar. Calculé que la mitad de los asistentes eran abogados y la otra mitad asesores y que su compromiso con la mediación les permitía ser bastante abiertos y flexibles al abordar la solución de problemas.

Durante mis primeros veinte minutos me esforcé en explicar los conceptos y supuestos subyacentes del perdón radical y dibujé el diagrama

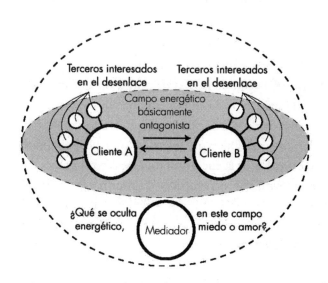

Ilustración 9: Campos energéticos de mediación.

para representar la relación energética entre ellos y sus clientes. Luego mencioné que su percepción de la situación en la que mediaban era básicamente que lo que ocurría con sus clientes A y B era una lástima en el mejor de los casos y una tragedia en el peor; que su papel de mediador era intentar sacar el mejor partido de un trabajo mal hecho y resolver la situación de la manera menos perjudicial para ambas partes y sus subordinados.

Entonces traté el factor de su propia energía en la situación. Vieron que su campo energético contenía habitualmente pensamientos y sentimientos acordes con su percepción de que ésta era una *mala* situación. Sugerí que, aunque su propósito era mediar y ayudar a ambos clientes, su percepción de la situación como *mala* alimentaba los campos energéticos de sus clientes y reforzaba su conciencia de víctima.

Pregunté «¿y qué les parece si en lugar de entender la situación como trágica e indeseable se abren a la idea de que se trata de un plan divino desplegándose tal como debe, y que todas las personas involucradas, incluidas las de la periferia, están recibiendo lo que querían inconscientemente en el plano anímico y que esto es cierto sea cual sea el modo en que se desarrolle la situación? ¿Creen que habría diferencia? Sus campos de energía estarían llenos de amor, no de emociones y pensamientos basados en el miedo. ¿Esto cambiaría las cosas si su campo energético en lugar de estar lleno de emociones y pensamientos basados en el miedo lo estuviese de amor? ¿Esto tendría algún efecto en la resolución de la situación?».

Sorprendentemente lo entendieron. ¡Incluso los abogados lo captaron! Fue amplia la aceptación de la idea de que la manera en que sus mentes consideraban la situación era un poderoso factor para determinar su desenlace. Lo vieron desde una perspectiva causa-efecto. Su actuación no sería diferente ni cambiarían abiertamente nada, sólo que por alimentar la idea de que todo era perfecto la energía podría moverse sin tanta resistencia en la dirección necesaria. En esto consiste transformar la energía.

Resonancia mórfica

Lo que acabo de describir deriva de la teoría de la resonancia y los campos mórficos de Rupert Sheldrake. Este biólogo inglés postula la existencia de campos o sistemas autoorganizados y autorregulados en la naturaleza que ordenan y sostienen patrones de actividad vibratoria o rítmica. Ciertos elementos se atraen unos a otros mediante resonancia mórfica para crear dichos campos en constante cambio y evolución. Cuando un elemento del campo cambia esto afecta a la totalidad. El concepto parece aplicable a todos los ámbitos desde los fenómenos cuánticos hasta los comportamientos de los grupos sociales.

En el contexto humano los campos mórficos enlazan individuos mediante resonancia extrasensorial y energética (conciencia), un proceso independiente del tiempo y del espacio. Por ese motivo cuando una persona perdona el efecto se hace sentir en la persona perdonada sin importar lo lejos que esté.

Volviendo a nuestros mediadores, podemos considerar su área de actividad más habitual como un campo mórfico donde los individuos quedan unidos, mediante resonancia mórfica, por la conciencia de víctima. En cuanto uno de los miembros (el mediador) modifica su conciencia en la dirección del amor y la aceptación de lo que hay, tal como es, el campo se transforma de inmediato y evoluciona hacia una nueva disposición vibratoria de más alto nivel. Gracias a la resonancia mórfica, los demás miembros del grupo tienen la oportunidad de realinearse y la situación evoluciona siguiendo unas pautas totalmente diferentes de lo que habría hecho si la conciencia no se hubiera transformado de esta manera.

Cito el trabajo de Sheldrake para mostrar que la forma en que estamos hablando de la energía y de la conciencia tiene un fundamento sólido en las investigaciones y las teorías científicas modernas.

Nelson Mandela nos enseñó cómo hacerlo

El modo en que Nelson Mandela manejó la situación de Sudáfrica cuando acabó el apartheid al principio de los años noventa fue una lección práctica de cómo transformar la energía gracias al perdón radical. El apartheid, sistema político dominado por los blancos, había durado tres cuartos de siglo y mantenido separados a blancos y negros, los blancos en el lujo y los negros en la extrema pobreza. Mandela mismo estuvo encarcelado durante veintiséis años. Tras su liberación se convirtió en el presidente del país. Sudáfrica estaba madura para un baño de sangre revanchista pero Mandela llevó a cabo una transición sorprendentemente pacífica cuyo sello no fue la revancha sino el perdón. No fue tanto lo que hizo lo que impidió el predecible baño de sangre sino cómo gestionó la energía. Renunció a la revancha y en beneficio de todos trascendió el arquetipo de víctima. Esto, a su vez, colapsó el patrón energético de violencia potencial ya establecido y listo para desatarse. Hoy en día, Sudáfrica continúa sumida en la transición y sigue teniendo problemas, pero su progreso es mucho mayor de lo que jamás habríamos soñado hace unas décadas.

Nuestra misión colectiva de transformar el arquetipo de víctima requiere que todos sigamos los pasos de Mandela y avancemos más allá de la vivencia victimista. Si no lo hacemos nos mantendremos en nuestra desesperada adicción por nuestras heridas y por el arquetipo de víctima.

El Espíritu nos espabila

En lo profundo de nuestra mente subconsciente, estamos en contacto con nuestra misión. El Espíritu nos presenta continuamente oportunidades para transformar la energía de víctima haciendo aflorar situaciones como el incesto, el maltrato a los niños, los abusos sexuales y el odio racial. Cada uno de nosotros puede abrazar esta misión practicando el perdón radical en cada ocasión. Si un número suficiente de nosotros opera ese cambio de percepción que permite ver la perfección en la situación, la transformará y la necesidad de tales patrones energéticos desaparecerá.

Ejercita la transformación

Para transformar el arquetipo victimista practica el ejercicio siguiente: cada vez que mires los informativos cambia tu conciencia enjuiciadora por la de ver la perfección en la situación. En lugar de aceptar de lleno una historia sobre prejuicios raciales, por ejemplo, ayuda a transformar la energía de discordia racial. Hazlo mirando a la persona o a la situación que normalmente sería objeto de tu juicio y censura y mira de mudarte a un espacio de aceptación amorosa. Ya sabes que las personas del acontecimiento están representando su papel en el plan divino. No consideres a nadie como víctima y rechaza etiquetar las personas de villanas. Todas están cumpliendo con su parte en el drama representado a fin de que la sanación tenga lugar. Recuerda: ¡Dios no se equivoca!

12 El ego contraataca

AL RECORDARNOS que somos seres espirituales viviendo una experiencia humana, el perdón radical eleva nuestra vibración y nos lleva en la dirección de la evolución espiritual.

Este crecimiento representa una amenaza real para el ego, definido como el complejo sistema de creencias profundamente asentado que afirma que estamos separados de Dios y que un día nos castigará por haber elegido esta separación. Cuanto más evolucionemos espiritualmente, más probable es que recordemos quiénes somos y que somos uno con Dios.

Una vez alcanzada esta revelación, el ego debe morir. Si algo sabemos acerca de los sistemas de creencias, sean cuales sean, es que resisten cualquier intento de quitarles la razón, y el ego no es una excepción. La gente se pasa el tiempo demostrando que prefiere tener la última palabra antes que ser feliz.

Por consiguiente, cuanto más aplicamos el perdón radical más contraataca el ego e intenta seducirnos para que mantengamos nuestra adicción al arquetipo de víctima. Una de las maneras en que realiza esa labor es utilizando nuestras propias herramientas de crecimiento espiritual. Encontramos un buen ejemplo de ello en la utilización que hace el ego del trabajo sobre el niño interior para mantenernos bloqueados en el victimismo.

El trabajo sobre el niño interior nos proporciona una vía de introspección y sanación de las heridas de la infancia que perduran en la edad adulta y afectan a nuestro presente. Pero en nuestra fijación por nuestras heridas el ego ve una oportunidad. Explota el tipo de trabajo con el niño interior que emplea como metáfora de nuestro ser herido para reforzar nuestro apego al arquetipo de víctima. El comportamiento resultante es una peregrinación permanente a nuestras heridas, otorgándoles poder al mencionarlas constantemente, proyectándolas en el llamado niño interior y utilizándolas como medio para intimar.

Gran parte del trabajo con el niño interior de los años ochenta se centraba mucho en condenar a nuestros padres, u otras personas, por el hecho de no poder ser felices al llegar a la edad adulta. La idea de que hoy sería feliz si no fuera por mis padres es el mantra asociado con dicho trabajo. Nos autoriza a sentir que ellos nos hicieron eso o aquello. Resulta mucho más cómodo convivir con esa percepción que con la convicción de que *demandamos* de alguna manera ser tratados así. Ese punto de vista nos coloca automáticamente en la posición de víctima. Mientras sigamos culpando a nuestros padres por los problemas que tenemos, ese patrón de creencias se perpetuará de una generación a otra.

No estoy insinuando que entrar en contacto con la rabia y el dolor reprimidos de nuestra niñez y encontrar medios para liberarlos sea malo. Al contrario, es esencial. Debemos hacer primero ese trabajo antes de progresar hacia el perdón, pues no podemos perdonar si estamos enfadados. No obstante, se llevan a cabo demasiados talleres y terapias que se concentran en nuestra ira y resultan ineficaces a la hora de ayudarnos a transformarla por medio del perdón, del tipo que sea. Cuando adaptamos el trabajo sobre la ira al perdón radical toda clase de emociones reprimidas y de toxinas emocionales y mentales se eliminan y uno se ve libre de la ira de forma permanente. Así salimos de la vulnerabilidad y superamos el victimismo.

El ritual navajo de perdón

Escuché una vez a Caroline Myss, autor de *Por qué la gente no se cura y cómo podría conseguirlo*, describir el ritual que los indios navajos utilizan para impedir que el culto a las heridas se convierta en adicción. Los navajos reconocían la necesidad que tiene la gente de hablar de sus heridas y de que el grupo sea testigo de ello. Consideraban, por otro lado, que nombrar las heridas les infundía poder, especialmente cuando esto no se hacía en exceso. Así que, cuando una persona quería compartir un agravio o una pesadumbre, la tribu se reunía y la persona tenía permiso para exponerla en el círculo. Podía ventilar su pena en tres ocasiones y todos escuchaban con empatía y compasión, pero a la cuarta ocasión, cuando la misma persona entraba en el círculo, todo el mundo se volvía de espaldas diciendo: «¡Basta! Te hemos escuchado expresar tu asunto tres veces. Lo hemos acogido. Ahora suéltalo. No queremos oírlo otra vez». Aquello servía de poderoso ritual de apoyo para soltar el dolor pasado.

¿Te imaginas si apoyásemos a nuestros amigos de la misma manera? ¿Qué pasaría si después de escucharles quejarse de sus heridas y expresar su victimismo tres veces dijésemos: «Ya te he oído hablar de esto lo suficiente. Es hora de que lo sueltes. No daré a tus heridas poder sobre ti por más tiempo dejándote hablarme de ellas. Te quiero demasiado para permitirlo».

Estoy seguro de que si hiciéramos esto la mayoría de nuestros amigos nos tacharían de traidores. Lo más probable es que no considerasen nuestro comportamiento como un acto de apoyo puramente amoroso, sino como una muestra de deslealtad y al momento se volverían en nuestra contra. Si queremos apoyarnos realmente unos a otros en el viaje de la evolución espiritual, creo que no tenemos otra elección que arriesgarnos a trazar una línea en la arena de los que amamos y hacer cuanto podamos para ayudarles a superar la adicción por sus heridas. Tales acciones nos conducirán al cumplimiento de nuestra misión colectiva de transformar el arquetipo de víctima y recordar quiénes somos realmente.

13 Tiempo, medicina y perdón

*L*A EVOLUCIÓN espiritual trae consigo una nueva valoración y un conocimiento renovado de nuestro cuerpo físico y de cómo cuidar de él. El paradigma médico que hemos mantenido durante los últimos trescientos años, desde que el filósofo francés René Descartes definiera el cuerpo como una máquina, está cambiando radicalmente y progresa hacia una perspectiva holística cuerpo-mente.

Hasta hace poco se consideraba que la salud consistía en la ausencia de enfermedad. Ahora, el principio de la salud de basa en qué medida nuestra fuerza de vida (prana, chi, etc.) fluye por nuestro cuerpo. Para tener una salud óptima, dicha fuerza de vida tiene que fluir libremente. No podemos estar sanos si nuestros cuerpos sufren atascos de energía por el resentimiento, la ira, la tristeza, la culpabilidad y el sufrimiento.

Al hablar aquí del cuerpo, nos referimos al cuerpo físico, que también es un cuerpo de energía, y a los cuerpos sutiles que lo envuelven y se llaman respectivamente cuerpo etérico, cuerpo emocional, cuerpo mental y cuerpo causal. Cada uno tiene su propia frecuencia. Antes solíamos definir el cuerpo físico en términos de elementos químicos y moléculas, pero los físicos nos han enseñado últimamente a considerar los cinco cuerpos, incluido el cuerpo físico, como densas condensaciones de patrones interactivos de energía.

Los campos sutiles envuelven el cuerpo físico en capas como vibrantes vainas de energía, cada uno en una octava superior al anterior. Sin embargo, no son envoltorios rígidos ni delimitados como su representación en el diagrama parece sugerir; más bien se funden en gran medida

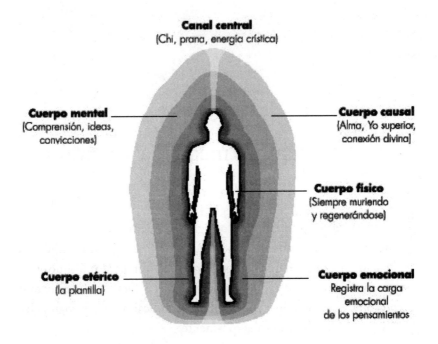

Canal central
(Chi, prana, energía crística)

Cuerpo mental
(Comprensión, ideas, convicciones)

Cuerpo causal
(Alma, Yo superior, conexión divina)

Cuerpo físico
(Siempre muriendo y regenerándose)

Cuerpo etérico
(la plantilla)

Cuerpo emocional
Registra la carga emocional de los pensamientos

Ilustración 10. Los cuerpos energéticos sutiles.

dentro del mismo espacio como si todos formaran parte de un océano de energía que rodea nuestro cuerpo. Los cuerpos sutiles no se definen tanto por su posición en el espacio como por sus distintas frecuencias vibratorias.

Los cuerpos sutiles sintonizan armónicamente con los patrones de vibración del cuerpo físico permitiendo a la conciencia (la mente) interactuar con el cuerpo. Esto es lo que entendemos por *continuum cuerpo-mente*, con la mente presente a la vez dentro y fuera del cuerpo físico (para más detalles acerca de las propiedades y competencias de cada cuerpo sutil, *véase* el capítulo 15).

Para aclarar este concepto utilizaremos una analogía práctica. Imaginemos que nuestros cuerpos son como los filtros de la típica caldera de calefacción hogareña, los que hay que limpiar de vez en cuando para que ésta funcione correctamente. Esos filtros fueron diseñados para dejar pasar libremente el aire, y lo mismo ocurre con nuestros cuerpos y la fuerza vital. Ésta debe fluir libre y fácilmente a través de nuestros cuerpos, el cuerpo físico y los cuerpos sutiles.

En cuanto juzgamos, le quitamos la razón a alguien, condenamos, proyectamos, reprimimos ira, guardamos resentimiento, etc., creamos un bloqueo de energía en nuestro(s) cuerpo(s). Cada vez, nuestro filtro se bloquea más y queda menos energía disponible para nuestra caldera. Tarde o temprano el filtro se tapona, y, al faltarle el oxígeno vital que necesita para seguir ardiendo, la llama se apaga. Cuando nuestros cuerpos, tanto el físico como los sutiles, se atascan hasta el punto de impedir que la fuerza vital fluya fácilmente a través de ellos, empiezan a apagarse. En muchos casos, esto se traduce primero por una depresión. Al final nuestro cuerpo enferma, y si los bloqueos no son eliminados, podemos incluso morir.

Recordemos la gran liberación de energía que sintió mi hermana Jill al abordar el perdón radical. Su filtro de fuerza vital estaba bloqueado por su sistema de creencias tóxicas acerca de su propia insuficiencia, sin mencionar el resentimiento pasado, la ira, la tristeza y la frustración por su situación. Al soltarlos sus bloqueos de energía quedaron eliminados, lo cual de paso le permitió cambiar su estado emocional. Siempre que perdonamos radicalmente liberamos una enorme cantidad de energía vital que entonces queda disponible para la sanación, la creatividad y la expresión de nuestro verdadero propósito en la vida.

Farra y la gripe

Mi buen amigo Farra Allen, cofundador de la escuela de masajes de Atlanta y asesor cuerpo-mente, enfermó de una gripe especialmente virulenta de las que obligan a guardar cama diez o más días. Se encontraba realmente mal, pero en lugar de entregar todo su poder al virus, decidió realizar algún tipo de trabajo interior que modificara el patrón energético que mantenía al virus en acción. Recurrió a un proceso llamado «imaginación activa», que consiste en escribir los pensamientos que afloran como una corriente de conciencia y descubrió así una cuestión emocional que había quedado hasta la fecha inconsciente y no resuelta. Utilizó el perdón radical para resolver dicha cuestión y la gripe desapareció casi instantáneamente. A los dos días del inicio de la enfermedad, ya estaba trabajando a tiempo completo y se sentía estupendamente. Ésta fue una demostración del poder curativo del perdón radical.

¿Y funcionaría con el cáncer?

Supongamos que la enfermedad fuese un cáncer en lugar de una gripe y que nuestra convicción fuera que tiene su origen en una emoción profundamente reprimida. Considerando que la curación depende de la liberación de la energía bloqueada, nuestra recomendación podría haber sido que mi amigo contactara con los sentimientos reprimidos, los sintiera totalmente y luego los dejase ir.

No obstante, a diferencia del ataque de gripe de Farra, que pasó tal vez de su cuerpo sutil a su cuerpo físico en tan sólo unos días, el modelo energético relacionado con el cáncer puede tardar años en pasar del cuerpo sutil al cuerpo físico hasta manifestarse. La pregunta que nos viene a la mente es: «¿cuánto tarda el proceso enfermizo en invertirse totalmente utilizando tan sólo la liberación emocional?». Podríamos suponer que ocupará un número igual de años al que tardó la enfermedad en manifestarse y esto no resulta muy práctico en el caso del cáncer u otra enfermedad donde el factor tiempo es o parece ser crucial.

El tiempo es un factor de curación

Hemos considerado el tiempo como algo fijo y lineal hasta que Einstein demostró que el tiempo es un concepto relativo. En relación con el tiempo que puede tardar una dolencia o situación física en curarse, la conciencia es un factor determinante. Cuanto más elevada sea nuestra conciencia, más rápido producimos cambios en las cosas a las que dedicamos nuestra atención.

Si la conciencia es nuestro nivel de vibración, lo más seguro es que costará demasiado tiempo darle la vuelta al proceso enfermizo del cáncer en el plano energético si tenemos un nivel vibratorio bajo. Será bajo si sentimos miedo, conservamos rabia y resentimiento en nuestra forma de ser, nos consideramos una víctima y/o mantenemos nuestra energía encadenada al pasado. Para la mayoría de nosotros, éste es nuestro nivel de conciencia la mayor parte del tiempo. Así pues, muy pocos de nosotros

Ilustración 11. Tiempo y curación.

podrían invertir el proceso de una enfermedad como el cáncer con la rapidez suficiente tan sólo liberando la causa emocional de la enfermedad, salvo que encontremos el modo de elevar nuestro nivel de vibración.

Cuando soltamos el arquetipo de víctima y trasladamos nuestra energía al tiempo presente mediante el proceso del perdón radical, podemos elevar nuestra vibración lo suficiente como para crear una inversión de la enfermedad si no inmediata al menos más rápida. Mejoramos nuestras oportunidades si también incorporamos otras formas de elevar nuestra vibración tales como la oración y la meditación.

Veamos un ejemplo: Una señora que participó en uno de nuestros retiros había sufrido varias intervenciones quirúrgicas por un cáncer de ovarios y los médicos le acababan de pronosticar tres meses de vida como mucho. Estaba deprimida y le quedaba poca fuerza vital. Dijo que sólo había venido al retiro porque los feligreses de su iglesia habían realizado una colecta para regalárselo y que se sentía obligada a hacerlo. Trabajamos con ella y el tercer día tuvo un maravilloso avance que la puso en contacto con un acontecimiento ocurrido cuando tenía dos años y medio y que le llevó a creer que no tenía ningún valor. Liberó mucha emoción en torno al tema y expresó todo su dolor por las incontables veces en que había dedicado su vida a confirmar esa ausencia de valor. A continuación su fuerza vital se incrementó. En el momento de irse estaba realmente entusiasmada por encontrar un programa alternativo que le ayudara a vencer el cáncer y el pronóstico del doctor. Estaba incluso determinada a viajar fuera de Estados Unidos si el método elegido era ilegal en el país (de hecho muchos lo son). Tras dos semanas de investigación frenética en pos de un tratamiento que le resultara atractivo, de repente tuvo la certeza de que la curación se produciría mediante la oración. Viajó entonces al norte de Nueva York y trabajó con una pareja que ofrece semanas de plegaria. Estuvo rezando prácticamente durante toda una semana. A la vuelta acudió a su oncólogo; éste tras examinarla le dijo: «No sé cómo explicar esto pero no tiene un ápice de cáncer en el cuerpo. Diría que se trata de una remisión espontánea, pero creo en Dios y no tengo palabras para describir esto de otra manera que como un milagro».

El caso de esta señora es un maravilloso ejemplo de cómo, al elevar la vibración mediante la plegaria, se dio la vuelta a su estado físico en unos días en lugar de en años. Estoy convencido que el perdón radical habría conseguido el mismo resultado.

Un estudio sobre el perdón en Seattle

La universidad de Seattle llevó a cabo un estudio muy interesante, aún inédito, acerca del perdón y el tiempo. Dicho estudio consistía en entrevistar a personas que se consideraban víctimas. Los investigadores querían ver cómo cambiaba su percepción con el paso del tiempo. Los primeros descubrimientos establecieron que la serenidad, descrita con la característica de no guardar resentimiento, no provenía de ningún acto voluntario de perdón, sino que surgía como descubrimiento espontáneo de haber perdonado. Todos los participantes en el estudio señalaron que cuanto más intentaban perdonar, más difícil les resultaba y más resentimiento sentían. Dejaron de intentarlo y sencillamente se relajaron. Tras variables intervalos de tiempo, se produjo la sorprendente revelación de que no guardaban resentimiento y que, de hecho, habían perdonado.

Un descubrimiento posterior aún más interesante reveló que el hecho de darse cuenta de que habían perdonado venía precedido de ser perdonados ellos mismos (quién les perdonara y por qué era irrelevante).

De todas formas, lo que esto señala es que el perdón produce un cambio en la energía. Al sentirse perdonados, lo que representa una liberación de energía bloqueada, se volvían capaces de liberar su propia energía bloqueada en torno a otra persona.

Ese estudio no sólo refuerza la consideración de que el perdón no puede ser voluntario, muestra además que el perdón se manifiesta como una transformación interna en una combinación entre soltar el propio apego por el resentimiento y aceptar el perdón para uno mismo. Por añadidura, los resultados del estudio subrayan el valor del paso 9 de los 12 pasos utilizados con éxito por millones de personas en Alcohólicos Anónimos y otros programas similares. El paso 9 pide que tratemos de compensar a todos los que hayamos perjudicado y les pidamos perdón. Cuando nos sentimos realmente perdonados, se libera nuestra propia energía para perdonar no solamente a otros sino también a nosotros mismos.

Se podría argumentar que el estudio de Seattle ilustra la lentitud del proceso de perdón y que éste demuestra ser un método bastante ineficaz para curar enfermedades como el cáncer. En muchos casos del estudio, algunos participantes tardaron décadas en descubrir que habían perdonado.

No obstante, es preciso hacer una distinción importante, y es que el estudio no diferenciaba entre perdón radical y perdón tradicional. Sin lugar a dudas, describía este último. Me atrevo a apostar que si se hubieran establecido dos grupos de estudio, uno con la perspectiva del perdón radical y otro con el único recurso del perdón tradicional, los integrantes del primero, con esa perspectiva adicional, habrían alcanzado el estado de serenidad mucho antes que los integrantes del otro.

No estoy proclamando que el perdón radical sea siempre inmediato, aunque tengo que decir que he presenciado su emergencia instantánea muchas veces. Tampoco puede ser llamado cura definitiva para el cáncer. Pero, sin duda, debería estar incluido en cualquier protocolo de tratamiento. Se dan casos en que algunas personas retrasan el tratamiento médico para comprobar si el perdón radical produce un efecto tal que vuelva innecesarias tan drásticas intervenciones. Esto sería inconcebible con el perdón tradicional.

La historia de Mary

Mi amiga Mary Pratt, que colabora en muchos de mis retiros, se negó durante meses a aceptar que algo andaba muy mal con su salud. Cuando ya no pudo ignorar lo obvio acudió al doctor y éste le diagnosticó cáncer de colón de tercer grado. Querían operarla inmediatamente, pero ella pidió treinta días de plazo que aceptaron con reticencia. Mary se retiró a una cabaña en la montaña y se quedó una semana meditando y trabajando en perdonar a todas las personas de su vida, incluida ella misma, utilizando el perdón radical. Ayunó, rezó, lloró y literalmente cruzó la noche oscura del alma. Volvió a casa y trabajó con varios terapeutas para purificar su cuerpo y reforzar su sistema inmunitario.

Al cabo de los treinta días se realizó la intervención quirúrgica. Después, el médico quiso saber lo que había hecho pues el cáncer no había desaparecido pero, en lugar de la cirugía radical que decían ser necesaria, extirparlo requirió solamente una mínima intervención.

En los casos en que la enfermedad esté tan avanzada o sea tan agresiva como para precisar una intervención médica inmediata, la cirugía, la quimioterapia o la radioterapia permiten ganar tiempo. ¿Pero tiempo para qué?

Recordemos que no hay cura para el cáncer, por consiguiente, no importa cuál sea el tratamiento, los médicos tienen una tácita expectativa de que la recaída es un desenlace casi anunciado y sólo una cuestión de tiempo. Prefiero considerar el tratamiento, suponiendo que el paciente lo supere, como una manera de ganar tiempo para realizar el trabajo de perdón radical susceptible de prevenir una recaída.

El perdón radical proporciona una de las mejores medidas preventivas disponibles. Purifica la energía de los cuerpos sutiles mucho antes de que ésta se convierta en bloqueo en el cuerpo físico. Cuando ayudo a la gente a resolver los temas de perdón utilizando la terapia del perdón radical, como hice con mi hermana Jill, lo hago con la convicción de ayudarles no sólo a curar una herida en su cuerpo sutil, sino a prevenir el nacimiento de una enfermedad en su cuerpo físico. Estoy convencido de que si cuidáramos el constante fluir de la energía en nuestros cuerpos, para lo cual fue diseñada, nunca caeríamos enfermos. Aunque ya no llevo a cabo retiros de cinco días sobre el cáncer, contemplo los talleres de perdón radical que ahora imparto por todo el planeta como talleres de prevención del cáncer.

Por descontado, el ejercicio adecuado, una buena dieta y las demás prácticas de sentido común también ayudan. No obstante, mantener a nuestros cuerpos energéticos limpios de escorias y toxinas emocionales es de máxima importancia para la buena salud y la curación. Lamentablemente, este aspecto de la terapia es el que menos atención recibe de los medios de comunicación a pesar de que tan sólo en Estados Unidos, una de cada cinco personas toma antidepresivos como el Prozac. Teniendo en mente que la depresión siempre precede al cáncer, hemos de preguntarnos si tan sólo es una coincidencia que también uno de cinco estadounidenses muera de cáncer.

Me preguntan a menudo por qué trabajo con enfermos de cáncer. Nunca he padecido esa enfermedad y sabía poco de ella desde el punto de vista médico cuando empecé a principio de los noventa a ofrecer los retiros de cinco días para la sanación emocional y espiritual del cáncer.

Al cabo de cierto tiempo entendí lo que me atraía de dicho trabajo: estaba relacionado con mi interés por el perdón. Lo comprendí al descubrir que prácticamente todos los pacientes de cáncer, además de haberse pasado la vida suprimiendo y reprimiendo emociones, tienen en común una notable incapacidad para perdonar.

Ahora creo que la ausencia de perdón contribuye y puede ser la causa principal de la mayoría de cánceres. Así pues, mi trabajo de sanación con enfermos de cáncer y con los que desean prevenir la emergencia o la recaída de la enfermedad se centra casi por completo en la terapia del perdón radical.

La historia de Jane

Jane participó en uno de nuestros retiros de cinco días en las montañas al norte de Georgia. Se había sometido a una mastectomía y estaba a la espera de un trasplante de médula. Después del retiro acudía una vez por semana a sesiones de hipnoterapia y asesoramiento individual. Llegó desesperada a la segunda cita porque una resonancia magnética rutinaria había revelado unas diminutas metástasis en su cerebro. Este nuevo foco era por si sólo bastante crispante pero, además, podía dar al traste con sus oportunidades de conseguir un trasplante. Los médicos programaron sesiones de quimioterapia para intentar parar la progresión del cáncer. Estaban muy sorprendidos por su situación porque en general las metástasis progresan desde el pecho al hígado y de ahí al cerebro, raramente del pecho al cerebro. Me pareció que este hecho merecía ser explorado.

Jane era una mujer atractiva de cuarenta años que no había tenido una relación sentimental desde hacía aproximadamente siete años. Tenía una especie de amante, pero describía la relación como una simple amistad íntima. De hecho, le veía a él como un amigo aunque de vez en cuando mantuvieran relaciones sexuales. A medida que exploramos la situación de su relación, ella conectó con un extraño pesar que aún sentía a causa de una relación anterior. Aquella relación duró ocho años y fue muy apasionada e intensa: Jane adoraba aquel hombre. Tras cuatro años de relación que ella creía a punto de convertirse en matrimonio descubrió que ya estaba casado, tenía hijos y no tenía intención de dejar a su esposa. Jane se sintió desolada, pero no pudo dejar de verle. Tardó otros cuatro años sumamente dolorosos en romper aquella relación.

Vi con claridad que, a consecuencia de esa relación fallida, Jane había reprimido sus emociones y nunca más se permitiría involucrarse tan profundamente con un hombre. Tampoco me sorprendía que tuviera el corazón roto. La mayoría de las mujeres con cáncer de pecho tienen algún corazón roto en su historia (el pecho es el órgano de nutrición, se encuentra cerca del corazón y relacionado con él).

Cuando salía por la puerta al final de nuestra sesión, Jane murmuró:

—Lo puse en el altillo.

Me detuve en seco.

—¿Qué quieres decir? –pregunté.

—Bueno, todo lo que acumulé a lo largo de los años y que tenía alguna relación con este hombre o que podía recordármelo lo metí en una caja y la subí al altillo. Ahí sigue. No la he vuelto a tocar desde entonces.

Le pedí que se sentara y lo dijera otra vez. Se lo hice repetir tres veces. De pronto, ella vio la conexión entre la caja allá arriba que representaba su relación amorosa rota y su cáncer cerebral.

—¡Por Dios! –dijo–. Es él en mi cabeza, ¿no es así? Está en mi altillo.

Le dije que debía volver a casa, subir al altillo y bajar la caja y que la trajera en la próxima sesión para analizar cada uno de los objetos. Quedamos en que me contaría la historia de cada uno de ellos hasta exorcizar su energía y liberar la que ella había reprimido. Jane comprendió que ésta podía ser la clave de su curación y estaba muy entusiasmada. Lamentablemente, tuvo una convulsión al día siguiente y fue ingresada de nuevo en el hospital. Murió un mes más tarde sin haber tocado la caja del altillo. Quizá, repasar su contenido y volver a sentir el dolor por su amor perdido le resultó imposible de soportar y creo que, en cierto modo, prefirió soltar la vida antes que enfrentarse a tanto dolor.

Los orígenes de la enfermedad

Los bloqueos de energía siempre se inician en los cuerpos sutiles. Luego, si no son liberados a ese nivel, se trasladan al cuerpo físico y, en última instancia, se manifiestan como enfermedades como el cáncer, la esclerosis múltiple y la diabetes, entre otras. Así que podemos decir que la enfermedad siempre empieza en los cuerpos sutiles y camina hacia dentro.

Antes solíamos pensar que la mejor manera de anticiparse a las enfermedades era visitar periódicamente al doctor para hacerse un chequeo. Ahora sabemos que sacamos más partido de una consulta con alguien capacitado para leer el aura y armonizar los patrones de energía de nuestros cuerpos sutiles y, en especial, los del cuerpo etérico. Puede ver los bloqueos en construcción a nivel energético mucho antes de que se manifiesten en el cuerpo físico. Los médiums terapéuticos pueden hacer lo mismo.

Hoy en día se utilizan sofisticados sistemas tecnológicos de diagnóstico como los llamados sistemas de pantalla electrodermal, usados sobre todo por naturópatas, homeópatas, osteópatas y quiroprácticos. La máquina utiliza los puntos de acupuntura (que se encuentran en el cuerpo etérico) para hacer lecturas de cada sistema orgánico del cuerpo y registrar enfermedades a nivel subclínico. Dichos sistemas han demostrado ser muy precisos aunque, de momento, la mayoría de los médicos comete el error de no reconocer su eficacia. Resulta mucho más fácil curar un patrón enfermizo en el cuerpo sutil que esperar a que se condense en materia física, porque una vez lo ha hecho se vuelve mucho más resistente al cambio.

Los físicos cuánticos han demostrado que las emociones se condensan en partículas de energía que si no son expresadas en forma de emoción se colocan en los espacios entre átomos y moléculas. Ésta es exactamente la situación del filtro atascado. En cuanto la emoción se convierte en partícula es más difícil liberarla y ahí está el problema. Cuesta mucho más tiempo y esfuerzo liberar ese bloqueo del cuerpo físico de lo que habría supuesto liberarlo cuando tan sólo tenía forma puramente energética en los cuerpos sutiles, en este caso el cuerpo emocional.

De todas maneras, es posible modificar dichas partículas antes de que produzcan daños y la mejor forma que conozco es aplicar una combinación de perdón radical y trabajo de respiración Satori (*véase* el capítulo 27). Pero si se va dejando que dichas partículas se acumulen y coagulen en una masa que un día se convertirá en cáncer, el problema se vuelve altamente intratable y, por consiguiente, amenaza la vida.

Por qué no nos curamos

La relación entre tiempo y curación es clara y directa. Para evolucionar hasta el punto de poder autocurarnos, debemos mantener al máximo nuestra conciencia en el presente, no en el pasado ni en el futuro sino en el *ahora*. Caroline Myss en su audio *Por qué la gente no se cura* afirma que las personas que consumen más del sesenta por ciento de su energía vital en mantener el pasado son incapaces de autocurarse energéticamente. Así pues, su curación depende del todo de la medicina química.

Caroline explica que si una persona consume un promedio de sesenta o setenta por ciento de su valiosa fuerza vital en manejar las experiencias negativas de su infancia, de su adolescencia y los inicios de su edad adulta, así como en alimentar las pérdidas, las decepciones y los rencores del pasado y otros diez por ciento en preocuparse de ello, hacer planes e

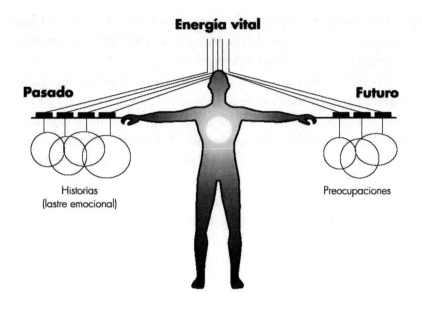

Ilustración 12. Por qué la gente no se cura.

intentar controlar el futuro, queda muy poca de esa valiosa energía disponible para el momento presente o para la sanación.

Es importante apuntar que no se agota nuestra energía cuando alimentamos recuerdos positivos ni recuerdos negativos que hayan sido procesados y perdonados.

La vida tiene su propia manera de tirar de nosotros –nosotros y nuestra energía– para situarnos en el presente. A menudo es mediante un trauma. Cuando nos vemos en medio de un desastre, sufrimos un accidente o descubrimos que nuestra vida está en peligro, nos concentramos mucho en el momento presente. Enfocamos instintivamente toda nuestra conciencia en el presente. De repente, ni pasado ni el futuro importan, sólo existe el presente. La potencia de la energía así focalizada en el presente queda muy bien ilustrada en el caso de la madre que ve a su hijo atrapado bajo un coche y llega a ser capaz de levantar el coche del suelo para que su hijo pueda ser rescatado. Actos de increíble bravura y valor ocurren también cuando la energía queda focalizada en el momento porque el miedo sólo emerge cuando trasladamos el pasado al futuro. Cuando estamos plenamente en el presente no tenemos ningún miedo porque no somos conscientes del pasado ni del futuro.

El perdón radical nos ayuda a permanecer en el presente porque no es posible perdonar radicalmente volviendo al pasado. Perdonamos en el presente, a la persona que hace de espejo de nuestra proyección ahora mismo. Ésa es la belleza del perdón radical. A veces la conexión con el pasado será tan obvia que iluminará la situación en curso como ocurrió en el caso de Jill. De todos modos, el punto de mira es la perfección de lo que ocurre *en el ahora*.

Podemos elegir entre soltar el arquetipo de víctima, traer nuestra energía al presente mediante el perdón radical o esperar a que un trauma significativo nos obligue a ello. En otras palabras, podemos transformar nuestra conciencia de forma voluntaria o esperar a que un desastre o una enfermedad letal nos lo imponga.

14 Arriba como abajo

*L*A HUMANIDAD como conjunto podría encontrarse pronto ante una disyuntiva similar a la que tiene cada individuo. Tal como apuntábamos en el capítulo anterior, la decisión es sanar por elección o por trauma.

Muchos clarividentes avisan de que todas las señales están presentes y apuntan a que el género humano recibirá una demostración masiva del principio de sanación por elección o trauma en un futuro muy cercano. La Tierra padece un cáncer y éste se llama la raza humana. El planeta vive, respira y tiene conciencia; ha gozado de un perfecto equilibrio durante toda su vida y cada una de sus partes ha cumplido con lo que le corresponde para mantener el sistema en equilibrio. Por analogía, éste es el trabajo realizado por las células sanas en el cuerpo humano.

Durante milenios hemos formado parte de ese equilibrio. En los últimos quinientos años nos hemos colocado por encima del orden natural llegando a creer que podemos controlar y dominar todo el sistema. Como una célula cancerosa que se multiplica sin control produciendo metástasis por todo el sistema y empieza a devorar a su huésped, así seguimos multiplicándonos de manera exponencial sin control por todo el planeta y saqueamos sus recursos naturales como si nada importara salvo satisfacer nuestra avidez.

Cual un tumor que asedia el corazón o que bloquea el pulmón, así nos comportamos: con el mismo tipo de abrazo mortal a nuestra fuente de vida, talando bosques enteros, contaminando hasta el aire que respiramos y envenenando el medio ambiente. Los científicos nos avisan de que estamos a punto de destruir la vida, tal como la conocemos en un plazo de cuarenta o cincuenta años si no cambiamos drásticamente.

No obstante, la necesidad más imperiosa es un cambio de conciencia. La conciencia colectiva debe cambiar a escala mundial o nos enfrentaremos a un trauma sin precedente y de tal magnitud que barrerá todas las estructuras que mantienen nuestro estilo de vida actual.

Cambios planetarios y convulsiones políticas

Desde tiempos remotos hasta la actualidad se vienen prediciendo cambios planetarios masivos y desastrosos para los comienzos del nuevo milenio. Las predicciones incluyen dos cambios de polaridad, terremotos devastadores, graves alteraciones de los modelos climáticos, erupciones volcánicas y una elevación significativa del nivel de los mares a medida que se fundan los casquetes polares. El resultado de tales desastres sería un cambio radical del mapa del mundo, gran parte de lo conocemos hasta hoy como tierra firme desaparecería bajo el agua y nuevos continentes emergerían del mar. Los consiguientes estragos y el caos serían indescriptibles y millones de personas morirían. Las convulsiones políticas, las guerras religiosas y los daños causados al medio ambiente también ocurrirían a gran escala.

Gran parte de estas predicciones fueron hechas por el famoso clarividente del siglo XVI, Nostradamus, y en nuestro siglo por Edgar Cayce, el profeta durmiente, que hizo predicciones muy precisas en los años cuarenta. También aparecen en muchos textos sagrados como el Libro del Apocalipsis y los textos tradicionales mayas, hopis y de otros pueblos nativos.

Para muchos está claro que esos cambios en la Tierra ya han empezado. Como los efectos del calentamiento global son ya imposibles de ignorar la comunidad científica elabora sus propias predicciones basándose en el aumento mundial de las inundaciones, las sequías, los huracanes, los tornados y las erupciones volcánicas, todas ellas similares a lo que predijo Cayce, entre otros. En la actualidad, el mundo se ha vuelto políticamente mucho más inestable, y los acontecimientos recientes se asemejan a lo anunciado.

La conciencia cuenta

Los científicos no hablan mucho de los efectos de la conciencia sobre la Tierra, prefieren concentrarse en las acciones que deberíamos emprender para prevenir la inminente ruina. Las predicciones de orientación más espiritual siempre han advertido de que la severidad de los cambios medioambientales y las convulsiones políticas pueden ser mitigadas si los seres humanos recobramos el sentido y transformamos nuestras conciencias. En otras palabras, incluso si nuestra conciencia basada en el miedo y la avidez ha dañado el cuerpo etérico del planeta de forma tan extrema que una violenta erupción en sus formas físicas parezca inevitable, todavía podemos rebajar los efectos elevando el nivel de conciencia. Al igual que un patrón de enfermedad en el cuerpo etérico de un ser humano puede ser curado por medios no físicos (oración, reiki, imágenes, aplicación de las manos, perdón radical, etc.), el patrón de cambio convulsivo y violento impreso en el cuerpo etérico de la Tierra puede ser disipado antes de manifestarse en el plano físico. Y la respuesta sorprendente parece ser la oración.

En los últimos años, la ciencia ha estudiado la plegaria y existe un creciente consenso en la comunidad científica de que realmente funciona. Creamos nuestra realidad mediante nuestras plegarias. No el tipo de plegaria, me apresuro a añadir, que consiste en pedir o exigir que Dios nos conceda esto o aquello, o haga que esto ocurra en lugar de aquello o cualquier otra manera de decirle a Dios lo que tiene que hacer. No, la esencia de la plegaria creativa no es cuestión de palabras o pensamientos. En realidad, es cuestión de *sensación*. La plegaria manifestará lo que desees sólo cuando seas capaz de sumergirte por completo en la sensación de que ya lo tienes, a sabiendas de que ya está hecho o se te ha concedido. Lo que mejor la describe es, quizá, una sensación de profunda gratitud.

Pero incluso ésta sigue ligada con un determinado resultado y, probablemente, no eleve la conciencia lo suficiente como para transformar la energía y subirla al nivel necesario.

La forma más pura de oración que podemos emplear es sentir paz; el tipo de paz que llega cuando nos entregamos totalmente a lo que hay tal como es, con el conocimiento y el consuelo de que el Espíritu se ocupa de todo y de que todo funciona óptimamente si no nos entrometemos.

La energía se abrirá a los cambios venideros solamente cuando nos entreguemos del todo a la situación que tengamos en cada momento. ¿En qué consistirán? ¡Sólo Dios lo sabe! No ores *para* la paz: ora para *sentir* paz. Es la plegaria más creativa que puedes hacer. La paz es el poder más fuerte de la Tierra, y es muy oportuna en nuestra época. Cuando podamos sentir paz en nuestros corazones conoceremos el amor y nuestro mundo lo reflejará.

Esto significa que tenemos elección. Cada individuo puede elegir permanecer en el sentimiento de miedo, escasez, desconfianza, avaricia y culpabilidad o elegir soltar esos sentimientos y estar en paz. Es así de sencillo. Paz-amor es el único antídoto para la conciencia basada en el miedo en la que ahora vivimos y con la que colaboramos a diario. Entonces, sencillamente elige. Disponemos del método: utiliza el perdón radical a diario para convertir en realidad tu elección y ¡aguarda los resultados!

Lo que quizá presenciemos hoy en día es que la Tierra y los seres humanos están pasando por una crisis sanadora y que las cosas pueden empeorar antes de mejorar. (Una crisis sanadora se produce cuando un organismo experimenta lo que parece un empeoramiento drástico de su estado, como la fiebre o una erupción, justo antes de empezar a reponerse. Esa peor condición sirve de proceso de purificación y desintoxicación.)

No importa lo mal que puedan ir las cosas, hemos de tener la convicción de que existe la perfección y el propósito divino incluso en ese tipo de situación. Al fin y al cabo, ¿quién podía imaginar un modo más trágico para el Espíritu de reflejar amorosamente nuestra propia ansia de control y avidez? ¿O nuestra necesidad de crear separación entre la gente? No podemos evolucionar espiritualmente mientras sigamos aferrados a estas energías y si hacen falta cambios en el planeta para conseguir que nos curemos de ellas ¡que así sea! El planeta quedará sanado en el proceso y nosotros también.

Para dar perspectiva a este razonamiento, y puesto que el mundo físico es en realidad una ilusión, debemos tener presente que los cambios que experimentamos en la Tierra también serán ilusorios. Esto explica por qué un cambio en la conciencia humana puede modificar la situación inmediatamente. La manera en que vivenciamos los cambios de la Tierra depende de cómo percibimos lo que está ocurriendo. Si lo vemos como una purificación de conciencia y una crisis curativa que tendrá como resultado una transformación espiritual, nuestra experiencia estará en marcado contraste con lo que sentiríamos al posicionarnos como víctima y pensar que es real como algo a temer y como un castigo por nuestra extraordinaria estupidez. Por su lado, la perspectiva del perdón radical nos permitirá permanecer centrados en la perfección del acontecimiento y nos ayudará a cruzar hacia la alegría y la paz presentes al otro lado de la experiencia.

El regalo

La expresión «Lo que está arriba es como lo que está abajo» también tiene sentido en cómo respondemos tanto al cáncer en nuestro cuerpo como al cáncer en el planeta. Declarar la guerra al cáncer con medicamentos tóxicos y otros tratamientos agresivos nunca curará esta enfermedad. Las soluciones violentas, altamente tecnológicas y por motivos políticos aplicadas a los problemas de la Tierra tampoco funcionarán. La único que funcionará en ambos casos es el *amor*. Cuando lo comprendamos de verdad, entenderemos el regalo que suponen los cambios terrestres y el cáncer. No hay lección más crucial que ésta. Las personas con cáncer son almas valientes que han venido al mundo físico con la misión de demostrar la futilidad de proyectar la ira y la guerra en el cuerpo y en nosotros mismos. Su misión es ayudarnos a entender que la única respuesta a cualquier situación es el *amor*. El regalo que tenemos para ellos es oír su amoroso mensaje.

Visiones de alegría, armonía y paz

El resultado final será el mismo, elevemos o no lo suficiente nuestra vibración para prevenir los traumas voluntariamente y alcanzar una amorosa resonancia con todo lo viviente. Todas las predicciones sobre los cambios planetarios hablan de un avance radical de conciencia en medio de las turbulencias creadas mientras la Tierra se purifica y equilibra el karma creado por nosotros. El tema recurrente en muchas predicciones es una visión de la vida maravillosamente armoniosa, pacífica e idílica tras los cambios del planeta, en fuerte contraste con la que conocemos hoy en día. Como en todas las oportunidades de curación, podemos sanar la aflicción de nuestra alma en cuanto aparezca la primera señal de pena reprimida o podemos esperar a que un desastre nos despierte. Sean cuales sean los cambios planetarios por venir y sea cual sea el nivel de destrucción que el karma planetario escenifique, los cambios significarán la crisis definitiva de sanación del planeta y de todos nosotros. Y, ciertamente, esto estará en perfecto orden divino.

Elevar lo suficiente nuestra vibración para modificar las predicciones debe incluir vivir una vida basada en el amor y la amable aceptación de nosotros mismos y de los demás, perdonándonos por maltratar al planeta y uniéndonos en oración con toda la gente posible en el mundo, gente comprometida y que elija el perdón radical nada menos que como una manera permanente de vivir.

Tercera parte

Supuestos ampliados

15 Artículos de fe

En el capítulo 2 desarrollé brevemente ciertos supuestos para ayudar a entenderlos junto con la teoría del perdón radical. Quisiera ahora tratar con más profundidad los supuestos fundamentales del perdón radical que aún no se han explicado. Espero que esto te ayude a sentirte más cómodo con ellos incluso si te resulta imposible aceptarlos del todo.

Recordemos que todas las teorías se basan en unos supuestos pero que no se ha demostrado la validez de todos los supuestos. Esto es especialmente cierto cuando tratamos teorías y supuestos acerca de la naturaleza de la realidad y de los temas espirituales.

Es interesante constatar que la ciencia y la mística han alcanzado un nuevo nivel de acuerdo acerca de la naturaleza de la realidad y otras cuestiones espirituales que hasta ahora parecían fuera de alcance de la ciencia. Durante siglos, los místicos hindúes han afirmado poseer un conocimiento directo de esas verdades universales y dicen conseguirlo meditando cuarenta años en las cuevas del Himalaya. Con métodos científicos rigurosos y razonamientos teóricos los científicos han llegado recientemente a las mismas conclusiones o, deberíamos decir, a supuestos similares. Hoy en día, uno no se arriesga diciendo que los físicos cuánticos han demostrado verdades que los místicos conocen desde hace siglos. Resulta apasionante comprobar que estas dos maneras distintas de enfocar y establecer la verdad convergen. ¡Al fin la ciencia y la espiritualidad se han encontrado, con científicos convirtiéndose en místicos de los tiempos modernos!

Sin embargo y dejando aparte los progresos realizados, debemos con toda humildad seguir teniendo presente que dichos supuestos, por su misma naturaleza, no representan la verdad absoluta. El gran misterio de cómo funciona el universo y del supremo propósito de la vida humana supera la simple comprensión de los mortales. Así, todos los supuestos acerca de cuál podría ser la verdad no son más que aproximaciones. Es desde esa base que, a continuación, proporcionamos los supuestos fundamentales del perdón radical.

Supuesto: Al contrario de lo que piensan la mayoría de las religiones occidentales no somos seres humanos que tienen ocasionales experiencias espirituales sino seres espirituales que tienen una experiencia humana.

Esto es más que un juego de palabras. Implica un cambio fundamental en nuestra manera de plantearnos quiénes somos y cuál es nuestra relación con Dios. En lugar de considerarnos caídos y separados de Dios, sugiere que seguimos muy conectados con el Todo-que-es y que esta vida en un cuerpo físico es sólo un intervalo temporal con el propósito de aprender y de equilibrar la energía. También sugiere que Dios vive en cada uno de nosotros iluminando nuestra doble naturaleza como humano y espíritu en lugar de situarlo allá arriba. El ganador del premio Pulitzer, Ernst Becker, lo define con crudeza diciendo «El ser humano es un dios que caga».[4]

Supuesto: Tenemos cuerpos físicos que mueren pero somos inmortales.

Durante siglos los filósofos han debatido la creación del alma. Estas discusiones se remontan incluso a épocas anteriores a Platón y Sócrates. Ambos tenían mucho que decir acerca del alma, pero permanecieron muy enfrentados con respecto al asunto. Hoy en día, el debate prosigue con muy poco consenso acerca de lo que constituye el alma.

En el marco de nuestra exposición, podemos definir el alma como esa parte de nosotros que es pura conciencia conectada con el océano más grande de conciencia que conforma el Todo-que-es. No obstante,

---

4   Becker. E *The Denial of Death;* Mac Millan Free Press, 1973.

para cumplir los fines de nuestra encarnación, el alma adopta una característica individual que se puede comparar con la de una gota en ese mismo océano o la de pedacito de materia de Dios. Por ser una parte del océano del Todo-que-es, siempre hemos existido como alma. El alma no tiene principio ni fin, existe fuera del tiempo y del espacio y es inmortal. Durante nuestra encarnación, el alma nos mantiene conectados con el mundo de la verdad divina y el Todo-que-es y se encarga de nuestra evolución espiritual.

En cuanto el alma se encarna queda ligada tanto a un cuerpo como a una personalidad, juntos representan una persona o identidad. La creamos para nosotros mismos basándonos en el concepto que tenemos de nosotros mismos y que, en general, presentamos al mundo. Así, nuestra alma queda sujeta a las tensiones de la existencia humana e incluso puede enfermar. Una gran parte de las enfermedades actuales tales como el cáncer empiezan por una profunda enfermedad del alma. Los chamanes dicen que el alma se fractura y se dispersa, trozos de ella quedan atrás y perdidos en acontecimientos pasados, especialmente en los traumas. Gran parte del trabajo de sanación del chamán gira en torno a la idea de recuperación del alma.

Que el alma se encarne una sola vez o lo haga una y otra vez ha sido un motivo eterno de discordia y muchas Iglesias y religiones siguen hoy en día negándose a considerar esta idea. Por su lado, las religiones orientales siempre han incluido la reencarnación entre sus creencias espirituales. No considero que la reencarnación sea crucial para el perdón radical y el hecho de creer o no en ella es irrelevante. No afecta su eficacia y es sólo una cuestión de elección personal. Si la idea de la reencarnación te molesta, pasa por alto las dos páginas siguientes.

Por mi parte, he de decir que no siento apego por ninguna de las dos posibilidades aunque sí parecen existir evidencias que respaldan la idea, en especial por la gran cantidad de informes sobre experiencias próximas a la muerte. Éstos son de contenido y calidad tan similares que es difícil refutarlos. Miles de personas han testimoniado similares vivencias y expresan el mismo grado de certeza de que lo que vieron era real. Los efectos que estas experiencias tienen en sus vidas también son más o menos idénticos.

De esa misma fuente se trasluce que nuestra alma no sólo se reencarna varias veces sino que no lo hace sola. Las investigaciones sobre vidas pasadas parecen sugerir que nuestras almas siguen volviendo una y otra vez con otras que pertenecen al mismo grupo de almas para resolver determinados desequilibrios del karma. En nuestra travesía hacia la unidad, creamos desequilibrios energéticos que deben ser reparados y que reciben el nombre de karma. Por ejemplo, si utilizamos a los demás y les engañamos, en algún momento tendremos que experimentar ser engañados para nivelar las energías. No se trata de un ejercicio moral. No tiene nada que ver con lo bueno o lo malo. Como ya hemos apuntado, el universo es neutral. Esto ocurre por equilibrio energético y está regido por la ley de causa y efecto, que dictamina que para cada acción ha de existir una reacción igual (*véase* el capítulo 9).

Así, las personas con las que interactuamos y los juegos a los que nos dedicamos con ellos tienen que ver con equilibrar la energía. Nuestra alma sana y se vuelve una de nuevo cada vez que reequilibramos las energías del karma. Por lo tanto, cada encarnación contribuye a la sanación del alma.

A propósito, puesto que el tiempo no existe en el mundo de la verdad divina, todas nuestras encarnaciones ocurren de forma simultánea. Si conseguimos sanar en una de ellas sanamos de paso a todas los demás. Así pues, utilizar el perdón radical durante un período de vida proporciona al alma un elemento de valor incalculable porque cura todas las demás encarnaciones al mismo tiempo que cura la presente. Imagina el karma colectivo reequilibrado por Nelson Mandela al perdonar a toda una generación de blancos en Sudáfrica por el trato que dieron a los negros. En relación con este mismo símbolo, imagina el karma colectivo que sigue sin equilibrar en América por el trato a los esclavos y a los nativos americanos.

Nuestra alma siempre nos inclina hacia la curación y crea sin cesar situaciones que nos proponen la oportunidad de equilibrar la energía del karma. Con todo, si esta curación no alcanza el nivel de la verdad divina tendemos a recrear el desequilibrio mediante el ciclo del resentimiento y de la revancha, y el mantenimiento de la conciencia de víctima. Y así la rueda del karma no deja de girar. El perdón radical nos proporciona uno de los mejores medios para detener la rueda, porque rompe el ciclo.

Dicho esto, si el concepto de reencarnación no te gusta, ignóralo. No marca ninguna diferencia.

Supuesto: Mientras nuestros cuerpos y sentidos nos dicen que somos individuos separados, en realidad, todos somos Uno. Todos vibramos individualmente como parte de un único todo.

No somos nuestro cuerpo. No somos nuestra personalidad ni los roles que representamos cada día. La creencia de que somos eso sirve para reforzar aún más nuestra creencia de estar separados. Respaldar esta creencia nos impide, mientras no despertemos, recordar quiénes somos realmente, un alma individual creada como parte de Dios y que existe en unidad con Dios.

Supuesto: Cuando éramos uno con Dios experimentamos con un pensamiento que la separación era posible. Nos quedamos atrapados en ese pensamiento, que se convirtió en la ilusión o el sueño en que ahora vivimos. Es un sueño porque la separación en realidad no ocurrió. Sólo pensamos que así fue y de ese pensamiento nació el sistema de creencias que llamamos ego en su versión hostil.

Alguna vez estuvimos totalmente envueltos en el Todo-que-es, Dios. No teníamos forma, no cambiábamos, éramos inmortales y sólo conocíamos el Amor. Entonces nos vino un pensamiento, nos preguntamos: ¿qué tal será eso de bajar a la realidad física y vivenciar las energías opuestas como la forma, el cambio, la separación, el miedo, la muerte, la limitación y la dualidad? Nos quedamos jugando un rato con la idea, pensando siempre que nos podríamos retirar del experimento en cuanto quisiéramos si finalmente poníamos el pensamiento en acción. No parecía haber peligro alguno. Pero la decisión estaba tomada y rebajamos nuestra vibración energética para condensar nuestra energía en una forma física. En el proceso, olvidamos nuestra conexión con Dios y nos imaginamos que nos habíamos separado realmente de él y que no había camino de vuelta al Todo-que-es.

Aquel sueño se volvió muy real para nosotros y entonces nos acosó un sentimiento de culpa extremo por haber cometido ese pecado *original* de separarnos de Dios. Nos entró el miedo de que Dios hiciera descender su ira sobre nosotros por lo que habíamos hecho. Esa poderosa creencia en el pecado, la culpa y el miedo se convirtió en el ego y llegó a ser una fuerza tan poderosa en nuestras vidas que creó en nuestras mentes un mundo dominado por el miedo. En nuestro mundo el miedo, y no el amor, es la fuerza motriz.

Aunque tendamos a personificarlo, el ego no es una entidad en sí ni de por sí. Tampoco representa nuestra personalidad. El ego representa un conjunto de creencias muy profundas que nos mantienen en el convencimiento de nuestra separación con Dios. El poder extremo ejercido por esas creencias inconscientes mediante las dinámicas de la culpabilidad, el miedo, la represión y la proyección crea la apariencia de que el ego *vive* dentro de nosotros. El ego nos mantiene apegados al mundo de la humanidad y dormidos (inconscientes) en la pesadilla de que nos hemos separado de Dios.

Supuesto: Cuando nos decidimos a experimentar con la encarnación física, Dios nos dio total y libre albedrío para vivir ese experimento de la manera que eligiéramos y para encontrar por nosotros mismos el camino de vuelta a casa, al Todo-que-es.

El libre albedrío se respeta al más alto nivel. Al contrario de lo que el ego nos quiere hacer creer, Dios no está enfadado con nosotros por jugar con la idea de la separación. Dios nos otorga todo lo que deseamos sin importar lo que elijamos y no hace ningún juicio al respecto. Siempre que pedimos ayuda mediante la plegaria y el perdón radical, responde a nuestra llamada.

Supuesto: La vida no es un acontecimiento aleatorio: tiene un propósito y despliega un plan divino con oportunidades para elegir y decidir en todo momento.

Visto desde el mundo de la humanidad parece que llegamos a la Tierra por una casualidad biológica. Nuestro único significado radicaría en que nuestros padres hicieron el amor y pusieron en marcha una cadena de eventos biológicos llamados embarazo y nacimiento.

También parece que el único medio para controlar la experiencia de vida radica en aprender muchas cosas acerca de cómo funciona el mundo y desarrollar habilidades que nos permitan controlar lo más posible las circunstancias aparentemente aleatorias de nuestras vidas. Cuanta más maestría conseguimos sobre las circunstancias físicas de nuestra vida, más parece que ésta mejora.

Lo contrario es cierto visto desde el mundo de la verdad divina. Desde ahí, nuestra llegada al planeta representa una elección deliberada, planificada y consciente. El plan incluye la selección de las personas que nos servirán de padres.

Los acontecimientos en apariencia azarosos de nuestras vidas se atribuyen igualmente al despliegue de un plan divino, predispuesto y lleno de significado para nuestro crecimiento espiritual. Cuanto más nos abandonamos a este despliegue sin intentar controlarlo, más nos llenamos de paz.

A primera vista éste parece ser un punto de vista fatalista. Sin embargo, no es sólo una cuestión de destino. En realidad, el plan divino deja lugar a una amplia creatividad y flexibilidad y sigue honrando el principio de libre albedrío. Continuamos creando junto con el Espíritu las circunstancias de nuestras vidas y sin excepción conseguimos precisamente lo que queremos. El grado con que nos resistamos (juzguemos) a lo que obtenemos, determina que experimentemos la vida como algo doloroso o como algo gozoso.

La maestría en la experiencia de la vida, entonces, radica en abordarla completamente y confiar en que se nos cuida y apoya durante todo el tiempo, pase lo que pase. El perdón radical nos guía en esa dirección.

Supuesto: La realidad física es una ilusión creada por nuestros cinco sentidos. La materia consiste en campos energéticos religados entre sí que vibran sobre diferentes frecuencias.

A la mayoría de la gente le cuesta mucho aprehender la idea de que nuestra realidad física es una ilusión creada por nuestros sentidos. Ken Carey confirma la dificultad que tenemos en comprender ese concepto.

En su libro, *The Starseed Transmissions*, resultado de un trabajo canalizado, las almas que hablaban a través de él hicieron una interesante observación.[5] Dijeron que al entrar en el cuerpo de Carey y experimentar todos sus sentidos, se quedaron sencillamente obnubiladas. Sólo entonces entendieron por qué los seres humanos perciben al mundo físico como real. Nuestros sentidos hacen que la ilusión sea tan convincente que incluso las almas desencarnadas pudieron apreciar por qué tenemos tanta dificultad en sobrepasarla.

De todas formas, cuesta recordar que el mundo físico es una simple ilusión. Pero empezamos a movernos en una dirección que nutre ese recuerdo. Recientemente, los científicos han empezado a hablar del cuerpo humano en términos de *continuum* cuerpo-mente. Esta terminología significa que nuestros cuerpos son mucho más que células, moléculas y átomos. La ciencia de la energía nos indica que, en realidad, nuestros cuerpos son densas condensaciones de campos de energía interconectados y que, justamente como un holograma, toda materia consiste en energía que vibra según determinados patrones. Los hologramas son esas imágenes en apariencia reales y tridimensionales creadas por rayos láser. Los físicos cuánticos han llegado a la teoría de que el universo es un holograma y que todo lo que contiene también lo es, incluso cada uno de nosotros.

Ciertos campos de energía vibran sobre frecuencias que permiten su observación y medida. Se les puede dotar de cualidades físicas como peso, volumen, dureza y fluidez. A esos patrones de energía les damos nombres como madera, acero, cuero o whisky. Cualquier cosa física tan sólo representa energía que vibra a un nivel que podemos detectar con nuestros cinco sentidos. Aun así, ese concepto nos resulta extraño. Hemos desarrollado tanta fe en nuestros cinco sentidos para detectar el mundo físico que nos rodea que tenemos dificultad en imaginar que nuestros cuerpos son algo más de lo que podemos ver y sentir. Sin embargo, en un sentido muy real, el mundo físico es una ilusión *creada* por nuestros sentidos.

---

5   Carey K *The Starseed Transmissions* Uni*Sun, 1982.

Consideremos por un momento uno de los pilares de un edificio. Parece bastante sólido y nuestros sentidos del tacto y de la vista nos dicen que es duro, fuerte y pesado. Con todo, sabemos que ese haz se compone enteramente de átomos y, es más, que cada átomo tiene un núcleo de protones y neutrones en torno a los que orbitan a velocidad ultrarrápida uno o más electrones. Para que nos hagamos una idea de la relación espacial entre el núcleo y el electrón, imaginemos una pelota de baloncesto colocada en el centro de un estadio de fútbol. Ahora imaginemos un objeto del tamaño de una bola de golf orbitando en torno a la pelota de baloncesto a varios miles de kilómetros por hora y describiendo un círculo con un diámetro tan ancho como el estadio. Esto nos da una imagen aproximada de la diferencia de tamaño de la que estamos hablando entre un electrón y un núcleo, y el inmenso espacio entre ellos.

De ahí, podemos decir que un átomo se compone de aproximadamente 99,99 por ciento de espacio. Puesto que la materia está compuesta de átomos, la materia debe estar compuesta de 99,99 por ciento de espacio. Por lo tanto, el mencionado pilar metálico es 99,99 por ciento espacio. Tú eres 99,99 por ciento espacio también.

El pilar parece tan denso por la misma razón que un ventilador en rotación parece sólido. Cuando no está dando vueltas puedes ver los intervalos entre las palas y tu mano cabe entre ellos. Cuando las palas giran con gran rapidez, dejas de ver los espacios entre ellas. Además, si intentas meter la mano las percibes como un muro infranqueable. Al igual que las palas de un ventilador cualquier trozo de materia física consiste en una masa de electrones que gira tan rápido que parecen sólidos para nuestros sentidos.

Si los electrones del pilar que sostiene el edificio dejasen de girar, el pilar desaparecería. Si todos los demás electrones que lo rodean también dejasen de girar, el edificio entero desaparecería sin dejar escombros ni polvo. Para el observador sería como si el edificio se hubiese evaporado.

La materia es vibración, nada más y nada menos. Nuestros sentidos están sintonizados con esas vibraciones y nuestras mentes las convierten en materia. Suena extraño pero es cierto.

Supuesto: Tenemos cuerpos sutiles y cuerpo físico. El cuerpo físico vibra en la frecuencia de la materia (el mundo de la humanidad), mientras que los dos cuerpos superiores vibran en una frecuencia más próxima al alma (el mundo de la verdad divina).

Además de la carne y los huesos de nuestro cuerpo físico consistimos en otros patrones de energía que no podemos ver ni medir. Son llamados cuerpos sutiles o campos sutiles. Vibran en unas frecuencias una o dos octavas superiores a las de los cuerpos condensados en materia y están fuera del alcance de nuestros sentidos y de la mayoría de nuestros instrumentos de medición. Son los cuerpos sutiles.

El cuerpo etérico

El cuerpo etérico lleva la plantilla energética del cuerpo. Asegura la continuidad de los patrones, las armonías y las discordancias dentro del cuerpo mientras éste se va renovando constantemente. Tu cuerpo no es el mismo que hace un año, en tu cuerpo no existe ni una célula que tenga más de un año. El cuerpo etérico interactúa con tu código genético y conserva la memoria de quien eres, el corte de tu nariz, tu altura, tus prejuicios, lo que te gusta comer, tus puntos fuertes, tus puntos débiles, tus modelos de enfermedad, etc.

El cuerpo emocional

El cuerpo emocional vibra en una octava superior al campo etérico. También conocido como cuerpo astral, se funde en el campo etérico y los campos bioenergéticos del cuerpo físico y se manifiesta en éste como emociones.

Una emoción forma un pensamiento ligado a un sentimiento, que en general produce una respuesta o acción física. Cuando la energía fluye libremente del campo emocional a través del campo etérico y el cuerpo físico todo colabora a la perfección.

Cuando restringimos nuestra energía emocional mediante supresión o represión, creamos bloqueos de energía tanto en nuestros campos etérico y emocional como en el físico.

El cambio de percepción requerido para el perdón no puede darse mientras la ira y el resentimiento se mantienen en el cuerpo emocional. Cualquier energía bloqueada en el cuerpo emocional debe ser liberada primero.

El cuerpo mental

Este campo gobierna nuestro funcionamiento intelectual y es responsable de la memoria, el pensamiento racional, los pensamientos concretos, etc. Mientras algunos científicos aún mantienen que el pensamiento y otros procesos mentales pueden explicarse en términos de bioquímica cerebral, basta con decir que los científicos que siguen la lógica de la física cuántica consideran que la mente se extiende más allá del cerebro e incluso del cuerpo. Consideran que el cerebro y la mente interactúan *holográficamente* y que cada célula contiene una huella del conjunto. Muchos investigadores creen que la memoria reside de forma holográfica dentro de un campo energético que existe más allá del cuerpo.

La prueba de ello se manifiesta como secuela del trasplante de órganos. Una conocida historia cuenta de un hombre trasplantado de hígado que unos meses después de la operación empezó a tener un sueño recurrente que no tenía sentido para él. Después de cierta investigación descubrió que el donante había soñado lo mismo durante años. La memoria de dicho sueño parecía estar anclada en la estructura celular del hígado.

El cuerpo causal o campo intuitivo

En la octava siguiente se sitúa el cuerpo que podríamos llamar nuestra alma, nuestro yo superior, o nuestra conexión con el mundo de la verdad divina. También llamado cuerpo causal, es nuestro puente hacia el reino espiritual. Mientras el campo mental trabaja con ideas y formas de pensamiento a nivel concreto, este campo se ocupa de ellas a nivel conceptual, abstracto, iconográfico y simbólico. Trabaja con la esencia, la intuición y el conocimiento directo. El cuerpo causal se extiende más allá del individuo y penetra en la mente colectiva, o lo que Jung llamaba el inconsciente colectivo, una mente unitaria a la que estamos todos individualmente conectados y tenemos acceso.

La idea de cuerpos sutiles que juegan con las armonías no es nueva. La incluyen muchas grandes tradiciones espirituales en todo el mundo, sobre todo las orientales.

Supuesto: La energía universal, en tanto que fuerza vital, y la conciencia llegan a nuestros cuerpos a través del sistema de los chakras. Los tres primeros están alineados con el mundo de la humanidad mientras que del cuarto hasta el octavo se alinean más con el mundo de la divina verdad.

Además del océano de energía que contiene nuestros cuerpos sutiles con sus diferentes vibraciones, los seres humanos poseemos un sistema de centros energéticos alineados verticalmente en nuestros cuerpos. Reciben el nombre de chakras, ruedas en sánscrito, porque son como remolinos de energía.

Los chakras actúan como transformadores. Toman la energía o la fuerza vital (prana, chi, energía crística) que nos llega del universo y la rebajan a frecuencias que pueden ser utilizadas por los procesos biomoleculares y celulares del cuerpo físico. Los chakras también representan los lugares donde cada uno de los cuerpos sutiles enlaza con el cuerpo físico aportando así distintos niveles de conciencia a nuestro ser. Procesan nuestras vivencias, nuestros pensamientos y sentimientos de cada día y al mismo tiempo acarrean datos de largo recorrido relacionados con nuestra historia personal y tribal, modelos de pensamientos establecidos desde hace mucho tiempo y arquetipos.

Los tres primeros chakras poseen niveles de conciencia que vibran sobre las frecuencias más bajas de la cadena existencial y con raíces en el mundo de la humanidad. Acarrean la energía del arquetipo de víctima.

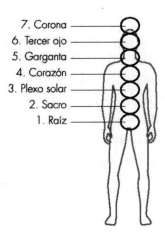

7. Corona
6. Tercer ojo
5. Garganta
4. Corazón
3. Plexo solar
2. Sacro
1. Raíz

Ilustración 13. El sistema humano de los chakras.

El perdón tradicional es el único tipo de perdón posible con la conciencia de los tres primeros chakras. La conciencia que llega a través de los quinto, sexto, séptimo y octavo chakras tiende a alinearse con las energías procedentes del mundo de la verdad divina, mientras que el cuarto, el chakra del corazón, proporciona el enlace entre el mundo de la humanidad y el de la verdad divina.

Además, cada chakra está relacionado con una glándula endocrina y se corresponde con cierto nexo nervioso situado en la misma área. Cada uno tiene asociado un color y un sonido, y nutre una determinada parte del cuerpo. Los chakras también sirven de almacén y de procesador de datos a la parte del cuerpo con la que están ligados y a sus funciones correspondientes.

- El primer chakra (raíz) contiene los datos de enraizamiento con la Madre Tierra y los temas de confianza básica, seguridad y voluntad de vivir. Este chakra se rige por la conciencia tribal/social.
- El segundo chakra (sacro) contiene los datos ligados a la creatividad, la energía sexual, el dinero y el sentimiento de culpa. Como el primero, se rige por la conciencia tribal/social.
- El tercer chakra (plexo solar) contiene los datos relativos al poder y al control, las relaciones familiares, la traición y la ira. Se rige igualmente por la conciencia tribal/social.
- El cuarto chakra (corazón) contiene datos sobre cuestiones del corazón, relaciones personales, amor, alimentación, crianza y compasión. Es el primer chakra que confiere energía a la individualidad y la autodeterminación independientes de la conciencia del grupo social.
- El quinto chakra (garganta) contiene los datos sobre las emociones expresadas o reprimidas en cuestiones de poder personal, voluntad individual y expresión creativa. Se rige por la conciencia individual en contraposición con la conciencia de grupo.
- El sexto chakra (tercer ojo) contiene los datos relativos al conocimiento intuitivo, la clarividencia y la voluntad de conocer la verdad. En este caso, el término verdad alude al conocimiento no definido por la conciencia grupal sino al obtenido directamente mediante la experiencia individual de la conciencia cósmica.

- El séptimo chakra (corona) contiene los datos del despertar espiritual y de la conexión con la Fuente.
- El octavo chakra, situado encima de la cabeza, representa nuestro contrato o acuerdo para la encarnación y contiene nuestra misión de vida.

Mientras que para las tradiciones terapéuticas de Oriente el sistema de los chakras es el centro de todas las teorías, por parte de la ciencia médica occidental recibe nula atención y, en general, existe escaso reconocimiento en Occidente de su vital importancia para la salud, el bienestar espiritual y el nivel de vibración.

Ciertamente, los chakras son cruciales. Cuando esos centros de energía entran en desequilibrio, como lo hacen cuando por ejemplo nos alteramos o sufrimos un trauma emocional, invierten su rotación, se vuelven irregulares y a veces se cierran casi por completo. La ira, el resentimiento y el dolor tenderán a cerrar el chakra del corazón y el de la garganta; el sentimiento de culpa y la falta de confianza debilitarán el chakra sacral, y así sucesivamente. Los resultados se traducirán en apatía, malestar general, escaso deseo sexual, incapacidad de decir lo que uno piensa y numerosos síntomas para los que no se encuentra causa médica. Con todo, si el chakra permanece en desequilibrio mucho tiempo es inevitable que tarde o temprano se manifiesten los resultados en forma de enfermedad en el cuerpo físico. Como hemos visto con los cuerpos sutiles los males casi siempre empiezan en los campos de energía, chakras incluidos, y progresan hacia el cuerpo físico, apareciendo al final como enfermedad o anomalía física.

Afortunadamente, los chakras tienden a recuperar su equilibrio con bastante facilidad. Existen terapeutas lo bastante sensibles como para sentir la energía de cada uno de ellos y que tienen técnicas para reequilibrarlos. La mayor parte de las modalidades de medicina energética como la acupuntura, la homeopatía, la aromaterapia y muchas otras actúan directamente sobre los chakras y los equilibran.[6]

---

6 Para más detalles acerca de cómo explicar nuestra evolución en relación con los chakras, *véase Anatomy of the Spirit de Caroline Myss,* Three Rivers Press, 1996.

Cuarta parte

Herramientas para el perdón radical

16 Un método espiritual

CUANDO ME PUSE a escribir la primera edición de este libro tenía en mente dos objetivos. En primer lugar, quería explicar el concepto del perdón radical de la forma más sencilla posible para ponerlo al alcance del mayor número posible de lectores. En segundo lugar, quería que fuera sumamente práctico para que todos pudieran aplicarlo en su vida cotidiana. Esto implicaba disponer de recursos que no sólo fueran eficaces sino además rápidos y fáciles de utilizar.

Al reescribir esta edición tengo que confesar que la eficacia demostrada por las herramientas incluidas en este libro ha sido de una magnitud que supera todas mis expectativas. Me siento abrumado por el extraordinario poder que han demostrado tener en la ayuda a la gente a sanar sus vidas. Además, he tenido ocasión de darme cuenta de que funcionan de una manera bastante similar a los remedios homeopáticos, de forma holoenergética (utilizando la energía del conjunto).

Como forma parte de un universo holográfico, cada partícula del universo no sólo se encuentra conectada energéticamente con la totalidad sino que también la contiene. Así pues, desde una perspectiva energética, no es posible cambiar una parte sin influir en la totalidad.

La homeopatía utiliza este principio para elaborar remedios que actúan de la misma forma sobre el sistema energético del organismo. Una ínfima parte de un ingrediente activo se mezcla con agua y entonces es diluido miles de veces hasta que no quede ni rastro físico de la sustancia. Lo que sí permanece es su huella energética y en ello radica el poder de curar. Cuando se toma el remedio, el cuerpo sutil registra la impronta y ésta le estimula para que circule la energía en el sentido necesario y sane todos los niveles.

Lo mismo ocurre con las herramientas del perdón radical. Como quien mira a un remedio homeopático y al ver sólo agua difícilmente imagina que pueda curar, quien considera por ejemplo una plantilla de trabajo de perdón radical puede sentir muchas dudas de que tenga el poder de cambiarle la vida. Sin embargo, funciona. Miles de personas ya han utilizado la plantilla de perdón radical, escuchado el CD de los 13 Pasos o cruzado el círculo en una ceremonia de perdón radical y han experimentado milagros en sus vidas.

Dichas herramientas funcionan porque cada una de ellas es sencillamente el medio para entregar el ingrediente oculto, la huella energética del perdón radical, la voluntad de abrirse a la idea de que no hay nada que perdonar.

El proceso es muy sutil. Tienen poca relevancia en el perdón radical el control mental o el heho de producir cosas mediante afirmaciones, técnicas de visualización o hipnosis. Tampoco es preciso albergar mucha creencia o fe en dicho proceso ni alcanzar un estado meditativo o particular. No hay más que utilizar una herramienta sencilla que no exige movilizar mucha inteligencia, disciplina o talento y que te pide expresar una voluntad mínima y eso es todo. En la presente edición del libro he simplificado aún más la plantilla de trabajo así que en algunas partes tan sólo tienes que marcar casillas como respuesta a las preguntas. Y sigue funcionando.

Como el perdón siempre es una propuesta del tipo *fíngelo* hasta que lo consigas, somos afortunados de que, en definitiva, haga falta tan poco. Si tuvieras que esperar a alcanzar el cien por cien de voluntad para creer que la situación es perfecta, nunca empezarías el proceso.

La siguiente historia ilustra cómo la transformación puede ocurrir en un instante utilizando una de las interesantes herramientas del perdón radical, la más rápida y sencilla de todas: el CD-13 Pasos para el perdón radical.

Debi y los 13 pasos

Debi es cantante radiofónica, lo que significa que canta en anuncios comerciales y cosas por el estilo. Es considerada una de los mejores del gremio. En 1999, vino a estudiar conmigo para convertirse en coach de perdón radical. En cierto momento del entrenamiento, quería enseñarle cómo facilitar los 13 Pasos para el perdón radical. No se tarda más de siete minutos y consiste en contestar afirmativamente a trece preguntas muy sencillas. Las trece preguntas están todas relacionadas con la voluntad (el ingrediente oculto) de ver la perfección en la situación, se entienda o no. La respuesta a cada pregunta es Sí.

Le pregunté a Debi si tenía alguna situación que trabajar en ese proceso. Estuvo pensando un rato y luego dijo:

—Sí, hay algo que me ha contrariado bastante tiempo. Casi me había olvidado. Hace unos trece años me encontraba en cierto estudio y entró un tipo que yo conocía bastante bien sin llegar a ser íntimos. Charlamos un rato y finalmente me dijo lo que en realidad tenía en mente: «Debi, tengo este gran producto que es perfecto para comercializarlo por radio y necesito que hagas un anuncio para mí. El problema es que no tengo dinero en estos momentos, pero ¿me lo podrías hacer como un gran favor personal?». Al final acepté hacer por 75 dólares lo que normalmente hago por mucho más dinero. Hice el anuncio y ¿sabes qué?. lo convertí en multimillonario en una noche. Algún tiempo después de aquello nos encontramos de nuevo y le sugerí que podría corresponderme con una parte de sus ganancias en agradecimiento por lo que había hecho por él. Su respuesta fue: «¡Debi, no estamos en los negocios para despilfarrar el dinero!».

Esta situación era perfecta. Obviamente, Deby estaba en contacto con sus sentimientos con este asunto, ¡aún trece años después! Era comprensible porque cada vez que había puesto la radio durante esos trece años, ¡ahí estaba el anuncio! Como te puedes imaginar tenía todos los ingredientes de una historia de víctima: traición, insulto, manipulación, retraimiento, desagradecimiento, etc.

Así que la guié por el proceso. No tardamos más de siete minutos y, como siempre pasa después de realizar un proceso como éste, pasamos a otra cosa sin más comentarios (hablar de ello destruiría el campo de energía creado en el proceso).

Aquella noche salió y regresó a su hotel en torno a las once. A las once y cinco me llamó muy emocionada. Por lo visto, había comprobado sus mensajes de voz y uno era del productor del estudio que le había ayudado con aquel anuncio. El mensaje decía así: «Debi, aquel anuncio que grabaste para el Sr. X. sale de nuevo y hace falta hacer una nueva versión. Como los derechos han prescrito podrías ganarte todas las royalties esta vez ¿estás interesada?».

Bueno, como te puedes imaginar me puse a pegar saltos gritándole a Debi: «¡Ves, esto funciona de verdad!». Pero entonces, Debi dijo: «Espera, hay más. Cuando hicimos los 13 Pasos por casualidad miré el reloj de pared y por alguna razón memoricé la hora. Eran las 3:01. ¡El mensaje llegó a las 3:02! Un minuto después, ¡y no había hablado con él desde hacía meses!».

La historia de víctima de Debi acerca de cómo había sido utilizada, engañada, ofendida, insultada y rechazada había mantenido la energía bloqueada durante trece años. Aquel campo de energía se colapsó tan sólo al invitarla a expresar un minuto de voluntad en considerar que había creado esta historia a partir de su propia percepción de la situación, y volverla a enmarcar durante el proceso de los 13 Pasos de una manera que reflejaba la verdad espiritual. En ningún momento trabajamos sobre su historia. Sólo habría servido para darle más poder y reforzarla. En lugar de ello, recurrimos al método holoenergético del perdón radical para transformar la energía.

Es interesante detenernos en lo que pudo haber ocurrido aquí. La mayoría de la gente habría estado de acuerdo con Debi en que aquel hombre la había traicionado, insultado y ofendido con su actitud egocéntrica. Pero el hecho en sí de que manifestara esta clase de comportamiento era un indicio de que algo más ocurría bajo la aparente situación. En el momento del acontecimiento la autoestima de Debi era muy baja. A pesar de que le habían estado diciendo lo buena que era, no era capaz de aceptarlo. Siempre se rebajaba. Tenía la creencia inconsciente de no estar a la altura de lo que con justicia cobraba por su talento.

Un principio inherente al perdón radical es que si alimentas una creencia limitadora que te impide convertirte en una totalidad o cumplir con tu auténtico propósito tu yo superior siempre hallará la manera de desvelarte tu creencia limitadora a fin de que la sanes. Él no puede intervenir directamente porque gozas de libre albedrío, pero, mediante la ley de atracción, puede atraer a tu vida a alguien que escenifique tu creencia y así puedas verla tal como es y elegir soltarla.

Aquel hombre sintonizó con la creencia limitadora de Debi de que no tenía valor, de ser lo bastante buena, de no prestar lo suficiente y respondió a la llamada. El yo superior de él en complicidad con el yo superior de ella desplegaron la cuestión de la autovalía para que ella experimentara el dolor asociado con la idea, pudiera verla y tuviera de nuevo la oportunidad de elegir.

Lejos de ser el malo, aquel hombre era en realidad un ángel sanador para Debi. Con gran malestar para él mismo, pues ¿a quién le gusta ser un tonto avaricioso? representó la historia de Debi para ella. Desgraciadamente, ella se perdió aquella lección y sólo aprovechó la ocasión para inflar su historia de yo-no-doy-la-talla y demostrarse que era cierta.

Tuvieron que pasar trece años y que Debi siguiera un sencillo y corto proceso llamado Los 13 Pasos. Como resultado, vio la verdad: que él le había proporcionado una oportunidad de sanar y que en realidad era su sanador. De pronto, la energía empezó a circular y el dinero a fluir casi instantáneamente hacia ella (el dinero no es otra cosa que energía).

Unos días después de que Debi volviera de su entrenamiento conmigo, se cruzó con aquel hombre, dispuesto a aclarar algo y le dijo: «Sabes Debi, nunca te agradecí lo que hiciste por mí hace años cuando grabaste aquel primer anuncio para mí. Me diste un respiro y funcionó. Te estoy muy agradecido. Muchísimas gracias». Siguió sin proponerle dinero pero no importa. Lo que ella consiguió de él es el reconocimiento que, anteriormente, era incapaz de aceptar. Ése fue el momento cumbre de sanación.

A partir de entonces, Debi tomó posesión de su propio poder. Dejó de ocultar su talento haciendo trabajos anónimos de estudio y ahora está dando conciertos y publicando sus propios CD. Incluso ha creado su propia compañía de producción. Todo ese viejo «no-soy-lo-bastante-buena» se ha evaporado y está viviendo su propósito.

Siempre cuento la historia de Debi para convencer a la gente del poder de esas herramientas de apariencia sencilla y para animarles a utilizarlas, y agradezco a Debi que me autorice a nombrarla.

Nota: Cuando comprobé el poder de la plantilla de perdón radical para producir una transformación me tentó la curiosidad de si sería igualmente eficaz en una experiencia audio. Para comprobarlo elaboré trece preguntas similares a las que se encuentran en la plantilla y las grabé en CD. Después de recordar la historia y de sentir las emociones, el oyente sólo debe responder SÍ en voz alta a todas las preguntas.

Estoy convencido que la potencia del proceso de perdón radical aumenta cuando se oyen las preguntas. La respuesta en voz alta es importante porque el cuerpo siente la sintonía de la palabra SÍ que le penetra profundamente. Son incontables los testimonios de personas que corroboran su eficacia. No es una experiencia hipnótica. Muchas personas lo guardan en el coche y lo escuchan mientras conducen. Para obtener un ejemplar de este CD visitar la página www.perdonradical.es.

17   Las cinco etapas del perdón radical

S EA CUAL SEA la modalidad elegida para el perdón radical: un taller, los 13 Pasos, la plantilla de trabajo o la ceremonia, todas están diseñadas para guiarte por las cinco etapas esenciales del perdón radical. Éstas son:

1. *Contar la historia*

En esta etapa, un testigo voluntario y compasivo nos escucha contar nuestra historia y la reconoce como verdad nuestra del momento (si estás rellenando una plantilla de trabajo, esta persona eres tú). El hecho de que alguien oiga y sea testigo de nuestra historia es el primer paso para soltarla. De la misma manera que el primer paso para liberarse de la sensación de ser una víctima es tomar posesión de ella, tenemos que apoderarnos por completo de nuestra historia desde el punto de vista de quien se siente una víctima y evitar cualquier interpretación espiritual en esa etapa. Aquí debemos comenzar desde donde estamos (o estábamos, si regresamos al pasado para sanar algo), a fin de poder sentir al menos parte de la pena que en primer lugar causó el bloqueo energético.

2. *Sentir los sentimientos*

Ésta es una etapa capital que mucha gente que se considera espiritual quiere saltarse, al creer que no se deben experimentar sentimientos *negativos*. A esto se le llama negación pura y simple, y malogra algo tan crucial como que el auténtico poder reside en nuestra facultad de sentir plenamente nuestros sentimientos y que en esto radica nuestra humanidad. Nuestra sanación empieza sólo cuando nos damos permiso para acceder a nuestro sufrimiento. El viaje sanador es, en esencia, un viaje emocional. No tiene por qué ser forzosamente doloroso. A medida que descendemos por los niveles de emoción y nos autorizamos a sentir el auténtico sufrimiento sorprende cuán rápido éste llega a convertirse en paz, alegría y gratitud.

3. Bloquear la historia

Esta etapa contempla cómo empezó nuestra historia y cómo nuestra interpretación de los acontecimientos nos llevó a formar en nuestra mente ciertas creencias (falsas) que determinaron nuestra forma de pensarnos y de vivir nuestras vidas. Cuando conseguimos ver que esas historias son falsas en su mayor parte y sólo sirven para mantenernos pegados al arquetipo de víctima, conseguimos el poder de elegir y dejamos de entregarles la valiosa energía de nuestra fuerza vital. Una vez decidimos recobrar nuestra energía, rescatamos nuestro poder y las historias se marchitan y mueren.

También es en esta etapa que podemos ejercer un alto grado de compasión por la persona que estamos perdonando. Ponemos sobre la mesa algo de sincera y honesta comprensión y benevolencia por cómo suele ser la vida, cuán imperfectos somos todos y nos damos cuenta de que todos estamos haciendo las cosas lo mejor que podemos con lo que tenemos. Esto último puede ser catalogado casi enteramente como perdón tradicional, pero de todas maneras es importante como primer paso y como comprobación de la realidad. Al fin y al cabo, casi todas nuestras historias se generan en nuestra tierna infancia cuando imaginamos que el mundo entero gira en torno nuestro y que todo es culpa nuestra. Aquí es donde podemos renunciar a parte de esa vulnerabilidad niño-céntrica. Aquí tenemos ocasión de proporcionar nuestra perspectiva de adulto para sobrellevar y confrontar nuestro niño interior con la llana verdad de lo que realmente ocurrió o no ocurrió, algo bien diferente de nuestra interpretación generada por lo que creemos que ocurrió. Sorprende cuán irrisorias parecen muchas de nuestras historias cuando permitimos que entre la luz. Aun así, el valor real de esta etapa radica en soltar nuestro apego por la historia y de este modo iniciar con más facilidad la transición requerida en el siguiente paso.

4. Replantear la historia

Aquí nos damos permiso para modificar nuestra percepción de tal forma que en lugar de ver la situación como una tragedia, nos disponemos a considerar que, de hecho, era justo lo que queríamos vivenciar y que era absolutamente esencial para nuestro crecimiento. En este sentido, esa situación fue perfecta. A veces seremos capaces de ver la perfección y de aprender la lección al momento. Sin embargo, a menudo se trata de renunciar a la necesidad de entenderlo y abandonarse a la idea de que el regalo está contenido en la situación, lo sepamos o no. Es en ese acto de rendición que se aprende la auténtica lección del amor y que se recibe el regalo. También es la etapa de transformación, pues a medida que nos abrimos a ver la perfección divina en lo que ocurrió, nuestras historias de víctima, que antes fueron el vehículo de la ira, la amargura y el resentimiento, se convierten en historias de aprecio, gratitud y amorosa aceptación.

5. Integrar

Tras permitirnos a nosotros mismos aceptar ver la perfección dentro de la situación y hacer que nuestras historias sean de gratitud, es preciso integrar ese cambio a nivel celular. Esto significa integrarlo en los cuerpos físico, mental, emocional y espiritual para que se convierta en parte de quienes somos. Viene a ser como guardar en el disco duro lo que has trabajado en el ordenador. Sólo entonces se vuelve permanente.

Encuentro que el trabajo de respiración Satori es una excelente vía de integración del cambio producido y se puede llevar a cabo durante el taller o inmediatamente después. Consiste en estar tumbado y respirar sin pausas conscientemente con música a gran volumen (*véase* el capítulo 27).

Con la plantilla de trabajo, la integración llega mediante la escritura y la lectura en voz alta de las afirmaciones; con los 13 Pasos, al afirmar verbalmente que vemos la perfección; con la ceremonia (*véase* «Otros recursos»), por el acto de cruzar el círculo y decir algo de naturaleza afirmativa a la persona que camina en tu dirección. El ritual, la ceremonia y, por supuesto, la música también sirven para integrar el cambio de percepción en que consiste el perdón radical.

Esas cinco etapas no se dan necesariamente en este orden. Normalmente, solemos recorrer todas o algunas de ellas de forma simultánea o ir avanzando y retrocediendo entre una y otra en círculo o en espiral.

18 Fíngelo hasta conseguirlo

*P*ERDONAR ES un viaje y siempre empieza desde un punto de partida donde el perdón es ausente. Alcanzarlo puede costar años o minutos y ahora sabemos que es una cuestión de elección. El perdón tradicional tarda mucho tiempo, pero podemos conseguirlo rápidamente gracias al perdón radical expresando nuestra *voluntad* de ver la perfección. Cada ocasión en que lo hacemos representa un acto de fe, una oración, una ofrenda, una humilde petición de asistencia divina. Lo hacemos en momentos en que nos sentimos incapaces de perdonar y en este sentido es un proceso del tipo fíngelo-hasta-conseguirlo.

Rendición

Fingirlo hasta conseguirlo en realidad significa entregarse al proceso, sin invertir esfuerzo alguno ni intentar controlar los resultados. En el estudio de Seattle (*véase* capítulo 13), cuanto más se esforzaron los participantes en intentar perdonar, más difícil les resultó renunciar a su dolor y a su ira. Cuando dejaron de intentar perdonar y controlar el proceso, en algún momento se operó el perdón.

Es cierto que el pase energético de la ira y la condena al perdón y la responsabilidad es más rápido con el perdón radical porque utilizar las herramientas que aquí damos nos permite soltar la conciencia de víctima. Recordarás que, como vimos en el capítulo 13, la conciencia modifica el factor tiempo. No obstante, incluso con el perdón radical y, aun sabiendo que puede ser instantáneo, hemos de adentrarnos en el proceso sin ninguna expectativa acerca de cuándo se producirá un cambio de energía. El momento exacto en que el resultado empiece a asomarse dependerá de factores sobre los que sabemos muy poco. Puede pasar tiempo antes de que nos demos cuenta de que sentimos aceptación incondicional por la persona involucrada y paz con respecto a la situación, y así es cómo nos enteramos de que el perdón se ha completado. Quizá esto suceda después de rellenar varias plantillas de trabajo.

En todo caso, será un alivio para muchos enterarse de que no es preciso que nos guste una persona para perdonarla. Tampoco tenemos que permanecer en su compañía si su personalidad y/o su comportamiento nos resultan tóxicos. El perdón radical es una interacción entre almas y sólo requiere conexión anímica. Cuando sentimos ese amor incondicional por su alma, la nuestra y la suya se juntan y nos volvemos uno.

Aprovechar la oportunidad

Cada vez que alguien nos irrite, hemos de reconocerlo como una oportunidad de perdonar. La persona que nos enoja quizá esté sintonizando con algo en nuestro interior que necesita sanar. En tal caso, podemos elegir verlo como un regalo si nos ocupamos de cambiar nuestra percepción. La situación también puede ser una reposición de episodios anteriores en que alguien nos hizo algo similar. Si es el caso, la actual persona representa a todas las que nos hicieron lo mismo en el pasado. Al perdonar a esta persona por la situación presente, perdonamos a todas las demás que se comportaron igual, así como a nosotros mismos por lo que hayamos podido proyectar en ellos.

Tenemos un ejemplo de ello en la ilustración n.º 1 que representa la historia de Jill con una línea de tiempo donde aparecen todas las oportunidades que se le presentaron de sanar el sufrimiento original derivado de su percepción falsa de no ser suficiente. Cuando finalmente vio lo que estaba pasando en la situación con Jeff y le perdonó (sanó), automáticamente perdonó y sanó todas las situaciones anteriores, incluida la original con su padre. Su historia entera, también la relacionada con su anterior esposo, se colapsó en un instante al aparecer ese rayo de luz.

Ésta es la razón por la cual el perdón radical no necesita terapia al uso. Perdonar al momento no sólo sana todas las veces en que algo igual o similar ocurrió, incluida la situación original, sino que hace innecesario saber cuál fue esa situación original. Esto quiere decir que no tienes que ahondar en el pasado en un intento de entender cuál fue exactamente la pena original. Está sanada de todas maneras, así que ¡qué más queremos!

Herramientas de perdón de emergencia

Los capítulos siguientes contienen procesos que modifican la energía y ofrecen oportunidades de variar nuestra percepción de lo que puede estar ocurriendo en una situación dada. Dicho cambio de percepción es la esencia del perdón radical. Cada uno de esos procesos nos coloca en el momento presente al ayudarnos a rescatar nuestra energía del pasado y retrotraerla del futuro. Ambas cosas deben hacerse para que el cambio se opere. Cuando estamos presentes es imposible sentir resentimiento porque éste sólo mora en el pasado. Tampoco podemos sentir miedo, porque el miedo sólo existe en relación con el futuro. Nos encontramos, pues, con la oportunidad de estar en el presente y en el espacio del amor, de la aceptación y del perdón radical.

Algunas herramientas incluidas en esta sección son más apropiadas para el momento preciso en que surge una situación que precisa perdón. Éstas nos alertan de lo que puede estar ocurriendo antes de ser arrastrados a las profundidades de algún drama o de galopar hacia Victimlandia. En cuanto nos pulsan las teclas, saltamos fácilmente al ciclo defensa/ataque. Una vez ahí, nos resulta casi imposible volver a salir. Pero la utilización de esos recursos rápidos nos permite evitar que se inicie dicho ciclo. Uno de ellos es el proceso de los 4 Pasos para el perdón radical (*véase* el capítulo 22). Es fácil de recordar y te lo puedes recitar a ti mismo en cualquier momento.

Los otros recursos descritos en los siguientes capítulos están diseñados para ser utilizados cuando nuestro estado de ánimo es más reflexivo. En este caso la plantilla de perdón radical opera auténticos milagros. Al principio, utiliza esos recursos como en un acto de fe. Con el tiempo, comprobarás que los beneficios logrados son increíbles. El empleo regular de esas herramientas nos ayuda a encontrar una paz que nunca imaginamos sería posible.

19   Sentir la pena

*E*XPERIMENTAR LOS sentimientos es la segunda etapa del proceso de perdón y ésta suele aflorar como consecuencia de contar la historia. Este paso requiere que nos demos permiso para sentir nuestros sentimientos con respecto a una situación dada y sentirlos a fondo. Si intentamos perdonar utilizando un proceso puramente mental, es decir, negando, por ejemplo, que estamos enfadados, tristes o deprimidos, nada ocurrirá. He conocido a muchas personas, sobre todo las que se consideran espirituales, que opinan que los sentimientos deben ser negados y delegados al espíritu. Esto es lo que se conoce como desvío espiritual.

En 1994, unos diez años después de emigrar a Estados Unidos, acepté realizar un taller en Inglaterra, y casi había olvidado cuán reacios son los ingleses a sentir sus sentimientos. El taller iba a tener lugar en un monasterio, al oeste de Inglaterra, y resultaba que la mayoría de los participantes eran sanadores espirituales. Llegamos al monasterio, no había nadie afuera, así que entramos y redistribuimos los muebles. Empecé explicando que la vida es esencialmente una experiencia emocional encaminada a alcanzar el crecimiento espiritual y que el taller estaba diseñado para ayudarnos a entrar en contacto con emociones que habíamos sepultado.

¡Bueno! ¡Fue como si les estuviera diciendo que tenían que ponerse a bailar desnudos en torno a una hoguera o algo parecido! Esto es lo que dijeron:

—¡Oh, no! ¡Somos espirituales!, hemos trascendido nuestras emociones, no les damos ningún crédito. Si las tenemos, sencillamente pedimos al Espíritu que las aparte y vamos directos a la paz. No creemos en este tipo de trabajo.

Tras una hora de taller entendí que ante mí tenía un auténtico desastre. Era como nadar en melaza. No conseguía progresar y de ninguna manera los asistentes estaban dispuestos a realizar el trabajo que yo les proponía. Me sentía cada vez peor y convencido de que el taller se iba a desmoronar por completo. En aquel momento, el Espíritu intervino. Un joven monje vestido de riguroso hábito irrumpió en la sala y preguntó quién era el responsable. Cuando dije que era yo me pidió que saliera un momento con él. Quería hablar conmigo, pero pude ver que estaba lleno de ira y que tenía el rostro congestionado. Le dije que estaba dirigiendo un seminario y que en cuanto terminara iría a hablar con él. Salió muy enfadado pero volvió enseguida fuera de sí. Me apuntó con el dedo y me hizo la señal de acercarme gritando:

—¡Quiero verle ahora mismo!

Fue la señal con el dedo lo que me encendió. Toda la frustración y tensión acumuladas durante la última hora irrumpieron a la superficie. Me volví hacia la clase y dije con un tono muy amenazante:

—¡Miren esto! —En cuatro zancadas me planté delante del monje también yo con la cara roja y congestionada, y le dije de forma tajante apuntando mi dedo muy cerca de su cara:

—Me da igual la ropa que llevas y lo que representa, no puedes irrumpir en mi taller y apuntarme con el dedo como si fuera un párvulo que te ha ofendido. Iré a hablar contigo sólo cuando esté listo. De hecho, habremos terminado a las doce. Si tienes algo que decirme mejor será que estés en la recepción a esa hora. Entonces podremos hablar. Y ahora, ¡fuera de mi sala!

Volví a mi taller a grandes pasos. Todos estaban sentados, pasmados y boquiabiertos (¡no se habla así a los religiosos!).

—Muy bien —dije, apuntando por turno a cada uno de ellos—, ahora quiero saber qué sienten en este preciso momento y no se escudan con que lo han remitido a la llama violeta y que se sienten en paz, porque es obvio que no lo están. ¿Qué están sintiendo? ¡Sean personas reales!

Pues bien, es obvio que comentaron que habían sentido numerosas emociones y empezamos a hablar de ellas. Con la ayuda del monje había roto su muro de resistencia a reconocer que los seres humanos tienen sentimientos y que esto está muy bien. Había arruinado su historia. Habían estado tomando un desvío espiritual y tenían que saberlo.

A las doce en punto, salí de la sala y fui a la recepción. El monje estaba allí. Me dirigí directamente hacia él y, para su mayor sorpresa y consternación, lo abracé.

—Muchísimas gracias –le dije–, hoy has sido un ángel sanador para mí. Tú eres mi seminario, lo has salvado todo.

Él no supo que decir. Tampoco creo que lo entendiera ni siquiera cuando intenté explicárselo. Con todo, se había calmado y, por lo visto, lo único que le había contrariado era que yo no había tocado la campana para avisarle de nuestra llegada. Se había quedado sentado en su celda a la espera de que sonara sin pensar que podíamos haber empujado la puerta y entrado. ¿Qué te parece el hecho de llegar a enfadarse tanto por una cosa tan trivial? ¿No crees que este monje tenía pendiente algún tema de abandono o de no estar a la altura?

Aquel retiro de siete días se convirtió en uno de los mejores talleres que he impartido durante mi vida profesional dado que los participantes se volvieron personas reales y auténticas. Les guié por sus sufrimientos, algunos habían tenido vivencias en tiempos bélicos que nunca habían compartido con nadie. Acabaron dándose cuenta de que el poder de sanar se encuentra en los sentimientos, no en el hecho de hablar o pensar, no en las afirmaciones, ni siquiera en la meditación si todos estos procedimientos sólo implican acallar los sentimientos.

Otro mito es que haya dos tipos de sentimientos, los positivos y los negativos, y que los últimos deben ser evitados. La verdad es que no existe eso de las emociones negativas. Sólo se convierten en *malas* y tienen un efecto negativo en nosotros si son suprimidas, negadas o acalladas. La etiqueta de pensamiento positivo no es más que otra forma de negación.

Queremos la experiencia emocional

Como seres humanos somos bendecidos con la capacidad de sentir nuestras emociones. De hecho, algunos dicen que la única razón por la cual hemos elegido esta experiencia humana es porque la Tierra es el único planeta que acarrea la vibración de la energía emocional y que hemos venido precisamente para vivenciarla. Por consiguiente, cuando no nos autorizamos a experimentar todo el abanico de emociones sino que las suprimimos, nuestra alma crea situaciones en las que literalmente somos forzados a sentirlas (¿no has notado que a menudo la gente recibe oportunidades de sentir emociones intensas justo después de haber rezado pidiendo crecimiento espiritual?). Esto significa que la razón de crear una alteración yace simplemente en el deseo de nuestra alma de proporcionarnos una ocasión de sentir una emoción suprimida. En tal caso, el simple hecho de autorizarse a tener ese sentimiento podría permitir a la energía fluir en nosotros y al llamado problema desaparecer al momento. Aun así, no todas las situaciones se disuelven con tanta facilidad. Cuando intentamos ocuparnos de un tema profundamente sepultado y el recuerdo de lo que parece ser una transgresión imperdonable, como en el caso de abuso sexual, violación o maltrato físico, hace falta mucho más que la mera vivencia de nuestras emociones para alcanzar el punto en que sentimos amor incondicional por el individuo causante del daño. Sentir plenamente las emociones es sólo el primer paso de fingirlo hasta conseguirlo y, en ningún caso, se puede obviar.

No estoy diciendo que el trabajo emocional no salga beneficiado con la comprensión ganada gracias a un cambio de percepción que, quizá, se haya dado antes de volver a sentir las emociones y expresarlas. Sin duda, se beneficia. Pero, la situación inversa no es cierta. El cambio de percepción necesario para que se produzca el perdón radical no ocurrirá si primero los sentimientos subyacentes y reprimidos no son liberados.

Invariablemente, cuando sentimos el deseo de perdonar a alguien o algo, en algún momento hemos sentido rabia hacia él o ello. En realidad, la rabia existe en tanto que emoción secundaria. Por debajo de la ira yace un primer dolor emocional como el amor propio herido, la vergüenza, la frustración, la tristeza, el terror o el miedo. La ira representa energía en movimiento emanando de la supresión de dicho dolor. No permitir que nuestra cólera fluya es como intentar taponar un volcán ¡tarde o temprano entra en erupción! Las etapas una y dos del proceso de perdón radical nos piden ponernos en contacto no sólo con la cólera, sino también con la emoción subyacente. Esto significa sentirla; no sólo hablar de ella, analizarla o ponerle una etiqueta ¡sino vivenciarla!

Ama a tu ira

Cuando la gente habla de dejar ir o liberar la ira, con demasiada frecuencia entiende que lo que debe hacer es deshacerse de ella. La juzgan equivocada e indeseable, incluso inquietante. No quieren sentirla, entonces sólo hablan de ella e intentan analizarla intelectualmente, pero esto no funciona. El intento de procesar la emoción hablando de ella nos es más que otro medio de resistirse a sentirla. Por eso la mayoría de las terapias basadas en la expresión oral no funcionan. *Lo que resistes persiste.* Como la ira representa energía en movimiento, oponer resistencia no hace más que bloquearla dentro de nosotros hasta que el volcán estalla. Liberar energía significa, en realidad, liberar la energía atascada de las emociones retenidas permitiéndoles moverse con libertad a través del cuerpo en forma de sensaciones. Realizar algún tipo de trabajo sobre la ira nos ayuda a sentirla intencionalmente y bajo control.

El trabajo sobre la ira mueve la energía

Lo que llamamos trabajo sobre la ira no se refiere exactamente a ella. Es el proceso de conseguir que la energía atascada en el cuerpo se ponga otra vez en movimiento. Sería más apropiado llamarle trabajo de liberación de la energía. No importa qué nombre le pongamos, el proceso puede ser tan sencillo como gritar contra un cojín (para no alarmar a la vecindad), vociferar dentro del coche, golpear almohadas, cortar leña o cualquier otra actividad física enérgica.

La combinación de actividad física con el uso de la voz parece ser la clave del éxito en el trabajo de liberación de la energía. Con demasiada frecuencia bloqueamos la energía de la emoción en la garganta, ya sea ira, tristeza, sentimiento de culpa o cualquier otra. Entonces la expresión vocal debería siempre formar parte del proceso. Tenemos que meternos de lleno en ello, no con la idea de deshacernos del sentimiento, sino con la intención de sentir su intensidad desplazándose por nuestro cuerpo, sin pensar ni juzgar. Si de verdad logramos entregarnos a las emociones, nos sentiremos más vivos que nunca y descubriremos que la energía se ha disipado.

Cuando la ira asusta

Para muchos de nosotros la idea de dejar aflorar la ira puede resultar tan espeluznante como imposible de plantearse, sobre todo si por debajo de la ira subyace el terror. La persona que nos hizo aquellas cosas tan terribles quizá siga ejerciendo una fuerte influencia sobre nuestro subconsciente. En tales circunstancias no es recomendable realizar a solas el trabajo sobre la ira. Deberíamos trabajar con alguien que sepa cómo ayudarnos cuando sintamos a la vez ira y terror, alguien con quien nos sintamos seguros y que tenga experiencia en ayudar a la gente a experimentar intensas emociones. Algún consejero o psicoterapeuta sería una buena elección. También recomiendo realizar el trabajo de respiración Satori (*véase* el capítulo 27) con un terapeuta experimentado. Así se consigue una vía para liberar la emoción.

Cuidado con la adicción a la ira

Aquí conviene advertir que es muy sencillo volverse adicto a la ira. Ésta se autoalimenta y se convierte con facilidad en resentimiento, el cual se regodea volviendo una y otra vez sobre viejas heridas, visitando reiteradamente el dolor asociado y aventando la ira resultante de alguna forma. Entonces, la ira se convierte de por sí en una auténtica adicción.

Conviene darse cuenta de que la ira que persiste no sirve ningún propósito útil. Por lo tanto, en cuanto hemos permitido que la energía de la ira fluya en forma de sentimiento, deberíamos usarla para crear un resultado positivo. Quizá necesitemos poner un límite o una condición para futuras interacciones con la persona en torno a la cual evoluciona nuestra ira; quizá podamos tomar algún tipo de decisión como tener la voluntad de sentir compasión por dicha persona o perdonarla. Solamente cuando utilicemos la ira como catalizador de un cambio positivo, de autopotenciación[7] o de perdón podremos prevenir que el enfado se convierta en un círculo adictivo.

---

7 Traducción libre de *empower*, que equivale aquí a «darse el poder a uno mismo de...». *(N. de la T.)*

20 Bloquear la historia

*L*A HISTORIA está donde reside el dolor. Es lo que escribimos en la casilla 1 de la plantilla para completar la frase *La situación tal como la percibo es...* Puesto que parece ser la fuente de todo nuestro dolor y malestar, merece la pena orientar los focos sobre nuestra historia de víctima para comprobar hasta qué punto es real y si aferrarse al dolor se justifica. Quizá descubramos que contiene muy poco de realidad. Tal vez, encontremos que tan sólo es una historia que hemos creado para mantenernos bloqueados en la separación y para reforzar nuestra creencia de que no somos todos Uno. También puede que hayamos creado esta historia para proporcionarnos pistas sobre lo que necesitamos sanar (perdonar) dentro de nosotros mismos y para llevarnos a comprobar que efectivamente todos somos Uno.

Obviamente, es a esta última posibilidad a la cual el perdón radical presta atención porque creo que el auténtico propósito de la historia y, por supuesto, el de todos sus personajes, es poner de relieve y traer a la luz de la conciencia despierta lo que necesita sanación. Al desmantelar la historia hallamos una oportunidad de aprender la auténtica verdad sobre nosotros mismos y recordar quiénes somos realmente.

Cuando remontamos la pista de la historia y de cómo se fraguó, solemos ver que, en primer lugar, se creó una profunda convicción negativa a partir de la experiencia. Tales creencias son inconscientes pero permanecen activas y para reforzarse tienden a crear circunstancias en el mundo ahí fuera que demuestran que la creencia es correcta. Es lo que le ocurrió a Jill (*véase* el capítulo 1). Su convicción inconsciente era *no soy suficiente para ningún hombre* y se dedicó a darle vida. En cuanto colapsamos la historia y vio que no era cierta, sanó la creencia y todo se solucionó.

Solemos establecer esa clase de convicciones en edad temprana. Cuando algo nos ocurre, interpretamos la experiencia y damos un significado personal a la situación. Luego confundimos lo que realmente pasó con nuestra interpretación. La historia que montamos basándonos en esa mixtura de hechos y ficción se convierte en nuestra verdad y en un principio operativo en nuestras vidas.

Por ejemplo, supongamos que nuestro padre se fue de casa cuando teníamos cinco años. Para nosotros ese acontecimiento es traumático y doloroso, pero en nuestras mentes no es más que el inicio de nuestra historia. A esa edad creemos que el mundo gira en torno nuestro, así que sólo lo podemos percibir desde un punto de vista egocéntrico. Hacemos nuestras propias interpretaciones desde esta perspectiva. Nuestra primera interpretación es: ¡él *me* abandonó! Luego llegan más interpretaciones que amplían egocéntricamente la historia como: «Debe de ser culpa mía. Seguro que hice algo que le alejó. Él ya no me quiere. Quizá nunca me quiso. Debo de ser alguien imposible de amar si mi padre me dejó. Él no puede cuidar de mí y si él no cuida de mí, ¿quién lo hará? Seguro que si él no me ama nadie me amará, y aunque me amen, está claro que me dejarán al cabo de cinco años, porque así son las cosas con los hombres que dicen que te quieren. No puedes confiar plenamente en los hombres que te dicen te amo porque de todas maneras tienen que dejarte al cabo de cinco años. Sencillamente, no merezco que me amen. Nunca tendré una relación que dure más de cinco años. Si no fui suficiente para mi padre, nunca seré suficiente para nadie».

Si somos mujer, tal como sucedía hace poco con una participante en uno de mis talleres y que tenía una historia similar, quizá inventemos que los hombres siempre tienden a ser robados por otras, e inconscientemente creamos las situaciones en que esto ocurra, en este caso, cinco años después de iniciar la relación.

Estas historias se convierten en remolinos internos con sus propias frecuencias, atrayendo eventos y personas que las ponen en escena conforme a las creencias que contienen. Pero, como podemos comprobar, la única parte cierta de la historia es el acontecimiento original: papá se fue.

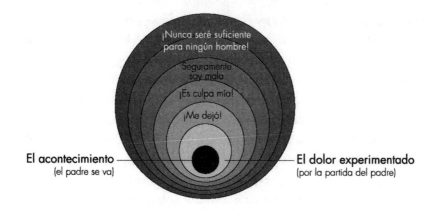

El acontecimiento
(el padre se va)

El dolor experimentado
(por la partida del padre)

Ilustración 14. Cómo prospera una (falsa) historia.

Quizá represente el cinco por ciento de la historia total, el resto es pura interpretación, afirmaciones hechas por una mente muy inmadura y asustada. Es decir que el noventa y cinco por ciento de la historia es, en realidad, un sistema de creencias.

Tu yo superior sabe que esas ideas no sólo son creencias, sino que además son altamente tóxicas pero como no puede intervenir directamente porque el Espíritu nos dotó de libre albedrío, atrae a nuestras vidas personas que amorosamente representarán papeles en nuestra historia una y otra vez hasta que nos demos cuenta de que nuestra historia no es cierta.

De nuevo utilizo como ejemplo lo sucedido con mi hermana Jill. Cuando nuestro padre demostró con mi hija Lorraine el tipo de amor que Jill siempre había esperado de él y nunca recibió, Jill le dio el significado de ser inherentemente imposible de amar. Esta historia se convirtió en un credo hasta que atrajo a su vida a una persona (Jeff) capaz de hacerle descubrir y constatar que era falsa.

La historia de Jesse

A veces se es consciente de la historia y otras no. Jesse participó en uno de mis talleres y parecía ser consciente de su historia pero incapaz de ver el fallo. Y eso que estaba muy alerta espiritualmente. Contó que le acababan de despedir del trabajo. «Es normal –dijo,–, es mi tema de abandono recurrente. Cada dos años me echan o me falla una relación. Es porque me abandonaron cuando era un bebé.»

Sospeché que en su vida había una historia del tipo sistema de creencias y empecé a investigar aquel abandono. Lo que pronto descubrimos es que su padre había fallecido justo antes de su nacimiento y que cuando Jesse tenía unos dos años su madre enfermó y no pudo ocuparse de ella. Por este motivo, Jesse fue criada durante un tiempo por sus abuelos. Aunque no cabe duda de que la separación de su madre la dejara traumatizada, la realidad era que sus padres nunca la habían abandonado. Sencillamente estaban ausentes sin que fuera culpa suya. Abandonar a alguien es tomar la decisión premeditada y consciente de dejarle; es un acto deliberado. Las meras ausencias no constituyen abandono. Confundir la ausencia con el abandono es una interpretación que un niño pequeño fácilmente puede hacer. Aun así, su importancia va más allá de la semántica. Después de traducir la ausencia de sus padres por abandono siguió haciendo otras interpretaciones como: «Si mis padres me abandonaron es que debe ser imposible amarme. Nadie se quedará conmigo más de dos años porque si mi madre me abandonó después de ese tiempo, todo el mundo hará exactamente lo mismo. Después ya no me querrán con ellos. Se darán cuenta de que soy una mala persona y se irán. Así es la vida».

Jesse se había dedicado a representar esa particular historia durante cincuenta y dos años. Sin embargo, se basaba en una interpretación completamente falsa de la realidad. En cuanto lo vio fue capaz de soltarla y liberarse de la necesidad de que en su vida se produjera cualquier tipo de abandono cada dos años. Aunque gozara de conciencia espiritual, había fallado constantemente en detectar que al proporcionarle un escenario de abandono cada dos años el Espíritu le estaba dando, de hecho, la oportunidad de despertar y sanar una historia tóxica que limitaba su vida y hería su alma. Rellenar unas cuantas plantillas de trabajo sobre la persona que recientemente la había despedido del trabajo le permitió limpiar las veces anteriores en que había sido *abandonada* a lo largo de sus cincuenta y dos años y neutralizar su historia de abandono original.

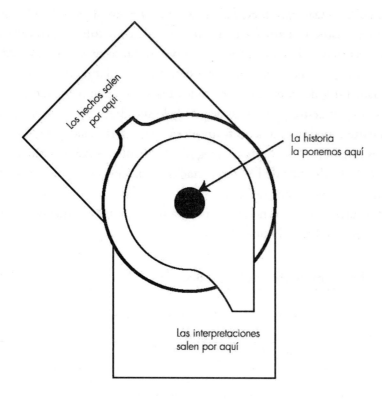

Ilustración 15. Separar los hechos de la ficción.

La centrifugadora del perdón

Esta herramienta podría haber ahorrado a Jill y Jesse muchos años de doloroso combate. La centrifugadora del perdón nos ayuda a separar *lo que ocurrió realmente* de nuestra *interpretación* de los hechos. Si tienes en casa esa clase de aparato centrifugador para hacer zumos donde introduces zanahorias y otras frutas u hortalizas en la parte superior y el zumo queda separado de la fibra por la fuerza del rayador giratorio, sabes lo que quiero decir con el término de *centrifugadora*. También se usa un centrifugador para separar el plasma de la sangre, la nata de la leche, etc. Una lavadora que centrifuga para sacar el exceso de agua de la ropa funciona igual.

La centrifugadora del perdón invierte el proceso que nos lleva a elaborar una historia a partir de lo que nos ocurre. Para utilizarla, considera la historia que estás viviendo ahora, la que te causa malestar. Recuerda que seguramente no es más que una desesperada mixtura de hechos (lo que ocurrió) y de interpretación (todos tus pensamientos, juicios, afirmaciones, supuestos y creencias acerca de lo sucedido). Carga la historia en la parte superior de una centrifugadora imaginaria, igual que lo harías con las zanahorias en el robot y luego en tu mente visualiza la máquina separando los hechos de las interpretaciones. Entonces, como un buen investigador, sigue el proceso siguiente:

Haz una lista de los hechos a medida que afloran, intentando ser lo más objetivo posible. Numéralos.

N.º	Los puros hechos de lo que ocurrió

Ilustración 16. Los puros hechos.

Aquí montar tabla

Después de escribir los resultados, reconoce los hechos y acéptalos. Reconoce que cuentan lo que ocurrió y que nadie puede hacer nada para cambiar este hecho. No tienes otra elección que permitir que lo sucedido sea exactamente lo que ocurrió pero mantente alerta para no generar excusas por ello. Esto de nuevo suplantaría los hechos por interpretaciones. Quédate sólo con lo que pasó.

A continuación, examina cada pensamiento, creencia, razonamiento, idea o actitud que impusiste sobre los hechos y decláralos todos falsos. Afirma que ninguno de ellos es válido. Reconoce que tan sólo representan una cacofonía mental. Luego valora la importancia que tienen tus ideas, creencias y actitudes para ti. En una escala del 1 al 100 en la columna de la izquierda cuantifica el apego que piensas tener por cada una de tus interpretaciones y decide cuál de ellas estás dispuesto a soltar y cuáles no.

Sé bueno contigo mismo

No te critiques por seguir apegado a cualquiera de esas ideas, creencias o actitudes o por no querer soltarlas, puede que las tengas desde hace mucho tiempo. De hecho, tal vez definan lo que eres. Por ejemplo, si has sobrevivido a un incesto o eres el hijo adulto de un alcohólico, esas etiquetas que representan ideas o creencias sobre ti mismo quizá te sirvan de referencia para ser quien eres. Si sueltas las ideas asociadas con esas etiquetas, podrías perder tu identidad. Por lo tanto, al mismo tiempo que quieres ser firme contigo mismo separando lo real de lo que te inventaste, sé bueno contigo mismo y date tiempo para soltar esas creencias.

El paso siguiente consiste en el nuevo planteamiento del perdón radical, ver que la historia era perfecta y debía desarrollarse de esa manera. Vigila los sentimientos de culpa, ira, depresión y crítica que puedes llegar a sentir y dirigir contra ti mismo cuando descubras que creaste tu vida en torno a un sistema de creencias falsas. Por favor, no te maltrates. En lugar de eso, recuerda que todo tiene un propósito y que Dios no comete errores. Utiliza una o varias herramientas del perdón radical para trabajar en perdonarte a ti mismo y ver la perfección en tu situación.

N.º	Mis interpretaciones acerca de lo que ocurrió

Ilustración 17. Mi interpretación de lo que ocurrió.

Si los hechos confirman que sí ocurrió algo *malo*; por ejemplo, un asesinato sigue siendo un asesinato independientemente de la interpretación que hiciste, la plantilla de perdón radical es la mejor herramienta para ayudarte a transformar la energía en torno al suceso.

21 La plantilla de trabajo del perdón radical

*E*STA PLANTILLA se basa en la que creó hace años el Dr. Michael Ryce, pionero en el ámbito del perdón. Junto con mi mentor, Arnold M. Patent, es una de las personas que me animaron a desarrollar la teoría del perdón radical.

Desde el momento en que creé la plantilla de perdón radical en 1989, inspirándome en la del Dr. Ryce, ésta ha cambiado la vida de miles de personas. No resulta fácil explicar cómo ni por qué consigue tan drástico resultado salvo afirmar que ayuda a la gente a modificar su energía. De hecho, podemos decir que de por sí rellenar una plantilla es una experiencia energética.

Como ya he apuntado, todas las herramientas del perdón radical son por naturaleza holográficas y requieren muy poco en términos de talento, creencia, conocimiento o comprensión cognitiva. Todo lo que exige es la voluntad de estar abierto a la posibilidad de que haya cierta perfección en la situación aunque ni lo sientas ni creas en ello. La plantilla es sencillamente un medio para expresar esa voluntad de voluntad. Tu inteligencia espiritual recoge tu voluntad y conecta con la inteligencia universal sea cual sea la forma en que te la representes. Por este motivo, me gusta considerar la plantilla como una forma de plegaria laica.

Como la plantilla es un instrumento energético que trabaja de forma holográfica, no está sujeta al tiempo o al espacio. Por este motivo su efecto es a menudo inmediato y la distancia nunca es un factor. El hecho de hacer la plantilla libera inmediatamente la energía bloqueada en la situación y esto tiene como resultado que todo parece resolverse automáticamente.

Si has leído hasta aquí, entenderás que cada vez que alguien te altere o active emociones negativas, tienes una oportunidad de crecer. Donde antes te habrías quedado succionado por el drama ahora puedes sacar una plantilla, empezar ya el proceso de perdón y conseguir rápidos resultados. A veces con una plantilla basta pero si la energía está muy atascada quizá necesites varias. Es difícil predecirlo. Tan sólo sigue rellenando plantillas hasta que se disipe la energía en torno a una situación, una persona o un incidente. Puede que esto lleve días o incluso meses. Sabrás que has alcanzado el punto de perdón según cómo te sientas. Si te sientes neutral cuando te encuentres de nuevo con la persona, cuando hablas con ella por teléfono o incluso cuando piensas en ella, esto significa que has llegado en un noventa por ciento a ese punto con poco a ninguna carga negativa en torno a la persona o la situación. Estás al cien por cien cuando no sientes más que amor por esa persona.

La plantilla de la página 208 se puede ampliar y fotocopiar pero quizá prefieras descargártela en tamaño folio desde la pestaña «Herramientas» de la página www.perdonradical.es.

Para rellenar la plantilla es preciso tener cierto nivel de comprensión de los principios básicos del perdón radical. Las notas que vienen a continuación ayudan a recordarlos. A modo de ejemplo, las respuestas son como si Jill lo hubiese hecho mientras estaba atravesando la situación con Jeff, tal como queda descrita en la primera parte del libro («La historia de Jill»).

Cuando nos iniciamos en el perdón radical tendemos a querer rellenar muchas plantillas sobre demasiadas personas de nuestra lista de perdón y a centrarnos en los grandes temas del pasado. Sin embargo, una de las virtudes del perdón radical es que no hace falta ahondar en el pasado para curar las grandes heridas. Sea quien sea la persona que te altere *ahora mismo* representa a *todos* los que te alteraron por la misma razón en el pasado. Entonces, trabaja primero sobre dicha persona aunque te parezca que no es para tanto. Si te altera, sí es para tanto. Bien podría llevarte a lo que realmente importa.

Otro malentendido es que el perdón radical sólo sirve para tratar el pasado. Es perfecto para eso, por supuesto, pero produce cambios profundos en la vida cuando lo utilizas más o menos a diario. En cuanto surge un tema, la idea es utilizar una plantilla o una de las otras herramientas del libro para disolver la energía asociada. Esto impide que se convierta en un asunto mayor y la situación se resuelve sola. Y como tiene que haber un propósito para que este tema haya surgido en el momento en que lo ha hecho, vivenciarlo utilizando el perdón radical permite sanar algo.

Asimismo otro malentendido es que una pequeña contrariedad no es importante y, por lo tanto, no merece una plantilla. Nada más alejado de la verdad, especialmente si la reacción emocional es desproporcionada en relación con la situación o el acontecimiento. Esto ocurre porque el pequeño acontecimiento está liberando un volumen superior de energía atascada en torno a un acontecimiento del pasado mucho mayor y no resuelto. El pequeño acontecimiento (auto-creado) es una oportunidad de oro para resolver un viejo tema aunque no tengas ni idea de cuál es. Basta con que hagas la plantilla acerca del pequeño acontecimiento hasta que se disipe la alteración. De esta manera tratas automáticamente el tema más viejo. Cuantas más plantillas hagas diariamente, más despejas tu campo energético de viejo lastre emocional.

Puedes poner fecha y número a las plantillas y luego rellénarlas. Esto te permite revisarlas cada cierto tiempo y evaluar hasta qué punto ha cambiado tu conciencia. Como alternativa, puedes hacer un ritual quemándolas como parte integrante del proceso.

Un instrumento para la verdadera transformación de un agravio
A continuación viene un ejemplo de plantilla rellenada y acompañada de indicaciones.

Fecha: *8/7/91*   Hoja n.º *3*
Sujeto X: Quién o lo que en ese momento esté lastimando/
molestando: *Jeff*

Indicaciones: Nombra a la persona, la situación o el objeto que te altera. No utilices la plantilla de perdón radical para perdonarte a ti mismo, existe una plantilla a este efecto. La única excepción es cuando perdonas a una parte de tu cuerpo que te ha abandonado al enfermar o al presentar alguna disfunción. En este caso externalízalo dándole otro nombre que no sea el tuyo y háblale como si fuera alguien *ahí fuera* separado de ti mismo.

I Contar la historia

1. La situación que me altera o me ha alterado es... (Cuenta la historia completamente desde tu punto de vista de víctima, esto es, desde el viejo paradigma. Utiliza más papel si es preciso.)

   Jeff me está abandonando al concentrar toda su atención y su amor en su hija Lorraine e ignorándome completamente. Dice que estoy equivocada y me acusa de no estar bien de la cabeza. Me hace sentir infravalorada y estúpida. Nuestro matrimonio está acabado y toda la culpa es suya. Me está obligando a dejarle.

Indicaciones: Asegúrate de escribir sobre la persona o el objeto que te altera nombrándole en tercera persona. Dicho de otra manera, cuenta tu historia como si estuvieras explicando a otra persona lo que ocurrió o está ocurriendo. Cuenta la historia de esta alteración desde el punto de vista de víctima (la conciencia de víctima pertenece al viejo paradigma). No te retraigas. Describe cuál es o era la situación y cómo te sientes ahora mismo con respecto a ella. No la corrijas ni la recubras con interpretaciones espirituales o psicológicas. Tienes que hacer honor al punto en que te encuentras ahora, aunque sepas que estás en Victimlandia y por lo tanto en la ilusión. (Recuerda que nunca estamos enfadados por la razón que pensamos.) El hecho de saber que estás experimentando la ilusión y que necesitas vivenciarla es el primer paso para librarte de ella.

Incluso si ya estamos despiertos a la verdad (el nuevo paradigma), es muy fácil perder el equilibrio y percibirnos de nuevo como víctimas.

Como seres humanos tenemos que pasar por esta experiencia. No podemos estar siempre alegres y en paz, ni ver la perfección en todas y cada una de las situaciones.

2a. Confrontando a X: estoy molesto/a contigo, *Jeff*, porque… *Has arruinado nuestro matrimonio. Me has lastimado y rechazado. Tu comportamiento es repugnante y te voy a dejar. ¡Traidor!*

Indicaciones: Aquí indígnate lo más posible con X y anota con precisión lo que le reprochas. Esta sección cuenta con poco espacio y sólo te permite cierto número de palabras, así que procura que las que elijas definan bien tu enojo. Si el objeto o la situación no tiene nombre, ponle uno o por lo menos escribe como si fuera una persona. Si ya ha fallecido, háblale como si la tuvieses delante. Si deseas escribirlo todo, hazlo a modo de carta (*véase* el capítulo 24). Este paso te permite dirigirte a la persona directamente, no obstante, cíñete a un solo motivo. No argumentes sobre otros temas en la carta o en la plantilla. Para alcanzar tu objetivo, es decir, el perdón radical, debes ser muy claro y preciso con respecto a la cosa que *ahora mismo* te hace sentir mal.

2b. Debido a lo que hiciste o estás haciendo: Me siento… (Identifica aquí tus verdaderas emociones) *Dolor, abandono, traición, soledad, tristeza e ira.*

Indicaciones: Es de capital importancia que te permitas experimentar tus sentimientos. No los censures ni los reprimas. Recuerda que hemos venido al reino físico para sentir emociones –la esencia del ser humano–. Todas son buenas salvo cuando las suprimimos. Reprimir una emoción produce bloqueos de energía potencialmente dañinos en nuestro organismo. Las emociones que nombras deben ser reales, las que de verdad sientes, y no pensamientos o interpretaciones acerca de lo que sientes. ¿Te sientes lleno de rabia, alegre, triste o aterrado? Si no consigues ser concreto, no importa. A algunas personas les cuesta diferenciar una emoción de otra. Si es tu caso, anota la característica emocional general que sientes con respecto a la situación.

Si deseas sentir tus emociones con más claridad o fuerza, agarra una raqueta de tenis o un palo y golpea con todas tus fuerzas un cojín o una almohada. Utiliza algo que suene cada vez que golpees. Si la ira te asusta hazte acompañar durante este ejercicio por una persona de confianza que deberá animarte y darte seguridad para que desahogues tu ira (o cualquier otra emoción). Gritar con el rostro pegado a una almohada también ayuda a liberar sentimientos. Tal como he recalcado muchas veces, cuanto más te permitas sentir el dolor, la tristeza o el miedo que yace bajo tu ira, mejor.

II. Sentir las emociones
Honrando mi propia humanidad
3. Amorosamente reconozco y acepto mis sentimientos y dejo de juzgarlos. Tengo derecho a mis sentimientos.

Prueba a seguir los tres pasos siguientes para integrar y aceptar tus sentimientos:
Paso 1. Vivéncialos a fondo y luego identifícalos como ira, contento, tristeza o miedo.
Paso 2. Acógelos en tu corazón tal y como son. Ámalos, acéptalos. Ámalos por formar parte de ti. Permíteles ser perfectos. No puedes pasar a la vibración de la alegría sin aceptar primero tus sentimientos y hacer las paces con ellos. Afirma lo siguiente: «Pido apoyo para sentir amor por cada una de mis emociones tal y como son, las acojo en mi corazón y las acepto amorosamente como parte de mi ser».
Paso 3. Ahora siente amor por ti mismo por tener esos sentimientos y reconoce que elegiste sentirlos como medio de hacer circular tu energía para sanar.

4. Mis sentimientos me pertenecen. Nadie puede hacerme sentir nada. Mis sentimientos son un reflejo de cómo yo veo la situación.

Indicaciones: Esta afirmación nos recuerda que nadie puede hacernos sentir nada. Nuestras emociones nos pertenecen. Cuando las sentimos, reconocemos, aceptamos y amamos incondicionalmente como parte de nosotros mismos, logramos la completa libertad de seguir aferrados a ellas o de dejarlas marchar. Concebir esto nos da poder porque nos ayuda a darnos cuenta de que el problema no reside afuera sino dentro, en nuestro interior. Percatarnos de eso también es el primer paso para alejarnos de la vibración del arquetipo victimista.

Cuando consideramos que otras personas o incluso situaciones nos producen ira, contento, tristeza o miedo, les entregamos de paso todo nuestro poder.

5. Mi malestar era mi señal de que yo estaba reprimiendo amor por mí mismo y por *Jeff* juzgándole, teniendo expectativas, deseando que *Jeff* cambiara y viendo a *Jeff* como menos que perfecto. (Haz una lista aquí de los juicios, las expectativas y los comportamientos que revelan tu deseo de que X cambie.)

Porque Jeff estaba prestando mucha atención a Lorraine me inventé que no me amaba. Me sentí ignorada e inferior. Quería que él me diera la prioridad. Necesitaba que me hiciera sentir «suficientemente buena». Lo juzgué como insensible y cruel. Lo estaba juzgando y haciendo responsable de mi felicidad y exigiendo que fuera diferente de como era. No estaba reconociendo la verdad de que él me ama.

Indicaciones: Cuando nos sentimos desconectados de alguien, no podemos amarle. Cuando juzgamos a una persona (o a nosotros mismos) y la convertimos en culpable, estamos reteniendo amor. Incluso cuando les damos la razón estamos reteniendo amor porque convertimos nuestro amor en condicional y supeditado a que sigan actuando correctamente.

Cualquier intento de cambiar a alguien supone un retraimiento del amor, porque desear que cambie sugiere que está, de alguna manera, equivocado y que tiene que cambiar. Es más, es probable que produzcamos daños al animarle a cambiar, pues aunque actuemos con la mejor intención, corremos el riesgo de interferir en su instrucción, misión y avance espirituales.

Todo esto es mucho más sutil de lo que percibimos. Por ejemplo, si mandamos energía sanadora no solicitada a un enfermo, estamos, de hecho, juzgando que no está bien tal como está y que no debería estar enfermo. ¿Quiénes somos para tomar tal decisión? Estar enfermo quizá sea la experiencia clave que necesita para su crecimiento espiritual. Naturalmente si pide sanación, entonces es otro asunto y haces todo lo que puedas para responder a su petición. De cualquier forma, continúas considerándole perfecto.

Por consiguiente, anota en la casilla todas las maneras en que deseas que la persona a la que perdonas sea diferente o en qué quieres que cambie. ¿Qué sutiles juicios emites sobre ella que indican tu incapacidad para aceptarla tal como es? ¿Qué comportamiento expones que demuestra que la estás juzgando? Puede que te sorprendas descubriendo que tu bienintencionado deseo de que sea diferente por su propio bien, en realidad, es un juicio por tu parte. La verdad es que lo que crea en esa persona la resistencia al cambio es precisamente tu juicio. En cuanto sueltas todo juicio, con toda probabilidad él o ella cambiará. ¡Qué ironía! ¿verdad?

(*Nota:* observa cuántos de dichos juicios y expectativas haces sobre ti. Es otra manera de decir que lo que ves en el otro es lo que desprecias en ti mismo. Prueba a hacerlo: es muy revelador.)

III.   Colapsando la historia

6. Ahora me doy cuenta que para sentir la experiencia de una forma más profunda, mi alma me ha animado a inflar la historia en torno al evento o la situación más de lo que parece indicar si considero sólo los hechos. Ahora que esta meta ha sido alcanzada, puedo liberar la energía que rodea mi historia separando los hechos de las interpretaciones que he hecho. (Haz una lista de las interpretaciones e indica el nivel de emoción y apego que te supone cada interpretación en este momento.)

Interpreto que sus atenciones con su hija Lorraine significan que para él ella era más importante que yo. Partiendo de eso interpreté que no me ama, que no soy suficiente para él y que es como todos los hombres.

Nivel de emoción ahora:

☐ Alto   ☐ Medio   ☐ Bajo   ☐ Nulo

Indicaciones: Este paso en el que enumeras tus interpretaciones del acontecimiento reconoce que, en su mayor parte, el dolor y el sufrimiento que experimentamos son el resultado de haber magnificado la situación en nuestra mente y de haber añadido una gran carga de significados e interpretaciones a los hechos que realmente ocurrieron. Esto es a propósito porque nuestro yo superior quiere que cebemos la situación para sentir la mayor angustia posible de separación con el objeto de sacarle el mayor partido pedagógico y de ahí crecer. Pero ahora que nos estamos abriendo a la idea de que la situación ocurrió *para* nosotros en lugar de *a* nosotros, y que la creamos nosotros a propósito, podemos reducir la carga emocional que sentimos con dicha situación distinguiendo entre los hechos y nuestras interpretaciones. Después de anotar tus interpretaciones valora cuánta carga conservan marcando el nivel de emoción correspondiente.

7. Las convicciones negativas profundas que saqué de la historia o que la dirigieron. (Marca las que procedan.)

☑ Nunca seré suficiente.
☐ Ser yo mismo es peligroso.
☐ Siempre me sirven el último o me pasan por alto.
☑ Siempre me abandonan.
☐ Decir lo que pienso es peligroso.
☐ Tendría que haber nacido chico/chica.
☐ Por mucho que me esfuerce, nunca es suficiente.
☐ La vida no es justa.
☐ No es bueno ser poderoso/tener éxito/ser extrovertido.
☑ No valgo nada.
☑ No tengo mérito.
☐ Debo obedecer o sufrir.
☑ Otros son más importantes que yo.

☐ Estoy solo.

☑ Nadie me amará.

☑ Soy imposible de amar.

☑ Nadie está disponible para mí.

☐ Otras…

Indicaciones: Este paso reconoce que casi siempre nos tomamos las cosas como algo personal, especialmente cuando somos niños. Como niños somos naturalmente egocéntricos. En cuanto algo ocurre y le asociamos un significado relativo a nosotros mismos como por ejemplo «Fue culpa mía», sólo estamos a un paso de crear una convicción negativa basada en esa idea. Repasa las interpretaciones del apartado anterior y coteja las convicciones negativas profundas acerca de ti mismo que suscitan. La mayoría de nuestros dramas pueden estar guiados por esas creencias y, en especial, por algunas como «no soy suficientemente bueno». La historia de Jill sin duda estaba guiada por ésta. Nuevamente, resulta que esas convicciones nos proporcionan increíbles oportunidades de experimentar la separación, pero ahora que estamos despiertos a la verdad podemos soltarlas como las mentiras que son.

Abriéndonos ahora a un nuevo planteamiento

8. Ahora me doy cuenta de que mi alma me animó a crear esas convicciones para magnificar mi sensación de separación y, así, sentirla más profundamente en beneficio de mi crecimiento espiritual. Ahora que empiezo a recordar la verdad de quien soy, me doy permiso para soltarlas y mando amor y gratitud a mí mismo (y a *Jeff*) por crear esta experiencia de crecimiento.

Indicaciones: Este paso se explica por sí solo pero como ahora nos estamos acercando al nuevo planteamiento que el perdón radical requiere, el proceso se vuelve cada vez más complejo. Mandar amor y gratitud a alguien que nos ha perjudicado no es fácil. Por suerte, el perdón radical es un proceso («fíngelo hasta conseguirlo»), por lo tanto, no tienes más que pretender que mandas amor y gratitud si hay que hacerlo. El proceso funciona de todas maneras, así que no te preocupes.

Detectando un patrón y viendo la perfección en él

9. Reconozco que mi inteligencia espiritual ha creado historias en el pasado similares a la presente en cuanto a circunstancia y emoción con objeto de magnificar la emoción de separación que mi alma deseaba experimentar. Ahora lo veo como una evidencia de que, aunque no sepa por qué ni cómo, mi alma creó esa situación para que yo aprenda y crezca. (Haz una lista de historias similares y experiencias emocionales como en el apartado 2b y coteja los elementos que tengan en común.)

Tengo un persistente patrón de atraer a los hombres que no me aman de la manera que yo quiero ser amada y siempre encuentran alguna forma de demostrarme que no soy suficiente. Jeff figuraba en una larga lista de hombres así. No obstante, era extraño que actuara con tanta crueldad pues normalmente es un hombre amable y sensible y no soporta herir a la gente. También era raro que las dos chicas tuviesen el nombre de Lorraine. Que John viajara desde Australia y fuera a Atlanta para ver a Colin fue una sincronía, esto me proporcionó la oportunidad de apuntarme al viaje ya que si no nunca habría ido sola. Era el momento ideal.

Indicaciones: Aquí reconocemos que somos seres humanos llenos de curiosidad y con una necesidad insaciable de saber por qué y cómo ocurren las cosas. Aunque hemos dicho antes que hemos de abandonar la necesidad de saber, este paso nos brinda una ocasión de divertirnos un poco buscando algunas de las pautas más evidentes que demuestran que la situación siempre fue perfecta de alguna manera inexplicable. Mientras esto no constituya un requisito previo para aceptar que así fue, no perjudica y puede encender alguna bombilla. Ten presente también que, quizá, no descubras ninguna evidencia. Si no detectas indicio alguno, no te preocupes, la afirmación sigue vigente.

El tipo de pistas a las que prestar atención son las siguientes:

• Patrones repetidos: Ésta es la más obvia. Casarte con el mismo tipo de persona una y otra vez es un ejemplo de ello; otra es coleccionar parejas que son la réplica de tu padre o tu madre; que cierto tipo de acontecimientos se repita una y otra vez es una señal clara; gente haciéndote las mismas cosas, como dejarte o no escucharte nunca es otra clave de que ahí tienes un tema por sanar en esa área.

- Patrones numéricos: No sólo repetimos las mismas cosas sino que a menudo los números son muy reincidentes. Perdemos nuestro trabajo cada dos años, fracasamos en una relación cada nueve años, creamos nuevas relaciones marcadas por el número tres, caemos enfermos a la misma edad que nuestros padres, encontramos siempre el mismo número redundando en todo lo que hacemos, etc. Es de gran ayuda dibujar una línea de tiempo tal como lo hice para Jill (*véase* ilustración 1) y rellenarla con tus fechas, anotando los intervalos de tiempo entre ciertos acontecimientos. Quizá encuentres una correlación temporal significativa en lo que está ocurriendo.

- Claves físicas: Tu cuerpo te proporciona pistas todo el tiempo. Por ejemplo: ¿tienes problemas en cierta parte del cuerpo o en áreas relacionadas con algún chakra y los temas correspondientes? Los libros de Caroline Myss, Louise Hay y otros te ayudarán a encontrar el sentido de lo que le ocurre a tu cuerpo y cuál es el mensaje de la sanación. En nuestro trabajo con enfermos de cáncer, por ejemplo, el cáncer se reveló siempre como una amorosa invitación a cambiar o a estar dispuesto a sentir y sanar dolor emocional reprimido.

- Coincidencias y sucesos raros: Éste es un campo rico en pistas. Cada vez que algo te sorprende por curioso o fuera de lo normal, inesperado o poco probable, sabes que has topado con algo. Por ejemplo, lo curioso en la historia de Jill no fue sólo que las dos chicas que estaban consiguiendo el amor que Jill sentía que le estaban negando se llamasen Lorraine –un nombre poco común en Inglaterra–, sino que además ambas eran rubias, de ojos azules y las primogénitas de tres. El comportamiento de Jeff también era atípico. Lejos de ser cruel e insensible, Jeff es un hombre muy amable, protector y sensible. No puedo imaginarle siendo cruel con nadie ni con nada. Su comportamiento hacia Jill me sorprendió por ser extraño.

Si alguna vez pensamos que las cosas ocurrieron por casualidad y eran meras coincidencias, ahora estamos dispuestos a pensar que es nuestra inteligencia espiritual la que hace que las cosas ocurran sincrónicamente para nuestro bien. Dichas sincronías están incrustadas en nuestras historias y, en cuanto las consideramos como tales, alcanzamos la libertad de sentir la verdad de la afirmación que dice «mi alma ha creado esta situación a fin de que yo aprenda y crezca».

La última frase del paso 9 es probablemente la más importante de la plantilla. Refuerza la noción de que son los pensamientos, los sentimientos y las creencias que crean nuestra experiencia, es más, nosotros mismos encargamos nuestra realidad para que apoye nuestro crecimiento espiritual. Cuando nos abrimos a la verdad, el problema casi siempre desaparece pues no hay problemas sino suposiciones erróneas. Esta afirmación también nos emplaza a aceptar la posibilidad de que la situación tenga un propósito y a soltar la necesidad de conocer su cómo y su por qué. Aquí es donde las personas más intelectuales encuentran las mayores dificultades. Quieren pruebas antes de creer. Convierten el hecho de saber por qué en un requisito para aceptar la situación como una oportunidad de sanación.

No es bueno preguntar por qué las cosas ocurren tal como lo hacen porque equivale a pedir conocer la mente de Dios. En nuestro actual nivel de desarrollo espiritual, nos es completamente imposible conocer la mente de Dios. Debemos renunciar a nuestra necesidad de saber por qué (la cual es una pregunta propia de una víctima) y rendirnos ante la idea de que Dios no comete errores y que, por lo tanto, todo sigue el perfecto orden divino. La importancia de ese paso radica en su capacidad para ayudarnos a sentir que pasamos del modo víctima a la posibilidad de que la persona, el objeto o la situación relacionada con nuestro problema refleje con precisión esa parte de nosotros mismos que hemos rechazado y que clama para ser aceptada. Este paso reconoce que la parte conocedora de nuestro ser, la divina esencia dentro de nuestra alma, o como quieras llamarla, ha dispuesto la situación para que podamos aprender, crecer y sanar una mala percepción o una creencia errónea. Este paso también aumenta el poder personal. En cuanto nos damos cuenta de que hemos creado la situación, tenemos el poder de cambiarla. Podemos elegir considerarnos víctimas de las circunstancias o considerar las circunstancias como oportunidades para aprender, crecer y tener la vida que queremos.

No te juzgues por crear una situación. Recuerda que la parte divina de tu ser la creó. Juzgar a tu parte divina es juzgar a Dios. Hónrate como ser maravilloso, creativo y divino con la capacidad para crear tus propias lecciones a lo largo de la senda espiritual, lecciones que al final te llevarán a casa.

IV. Hacia el nuevo planteamiento

10. Ahora me doy cuenta de que me disgusto sólo cuando alguien activa en mí aquello que no he reconocido, que he negado o reprimido y luego he proyectado en él/ella. Ahora veo que es cierta la frase «¡Cuando lo ves lo tienes!». ¡Soy yo en el espejo!

Indicaciones: Estas afirmaciones reconocen que cuando estamos molestos con una persona significa siempre que ésta nos está devolviendo el reflejo de lo que más despreciamos en nuestro interior y que, a su vez, hemos proyectado en ella.

Si logramos abrirnos lo suficiente como para admitir que dicha persona nos proporciona una oportunidad de aceptar y amar una parte nuestra que hemos condenado y que, en este sentido, es un ángel sanador, habremos logrado hacer el trabajo.

Como ya he dicho, no es necesario que nos guste esa persona. Sólo hay que reconocerla como espejo, dar las gracias a su alma rellenando esta plantilla y pasar a otra cosa. No hace falta que entendamos qué partes de nosotros mismos están siendo reflejadas. Normalmente es demasiado complejo. Dejémoslo así y no queramos analizarlo todo siempre. Así las cosas funcionarán mejor.

11. *Jeff* está reflejando lo que necesito amar y aceptar en mí. Gracias *Jeff* por ese regalo. Ahora estoy dispuesto a recuperar la proyección y asumirla como parte de mi sombra. Amo y acepto esa parte que es mía.

Indicaciones: Esta afirmación nos recuerda que es mediante nuestras historias llenas de percepciones defectuosas como creamos nuestra realidad y nuestras vidas. Siempre atraeremos personas que reflejen nuestras malas percepciones y que nos brindarán la oportunidad de sanar el error y caminar hacia la verdad.

12. Aunque no lo entienda del todo, ahora me doy cuenta que tú y yo hemos recibido exactamente lo que ambos elegimos de forma subconsciente y que hemos estado bailando una danza juntos para llegar a un estado de despertar de la conciencia.

Indicaciones: Esta afirmación es otro recordatorio de que en un momento dado podemos tomar conciencia de nuestras creencias subconscientes al mirar lo que aflora en nuestras vidas. Lo que tenemos en cualquier momento es lo que queremos. En el plano anímico hemos elegido nuestras situaciones y experiencias, no son errores. Esto es cierto para todas las partes involucradas en el drama. Recuerda: no hay villanos ni víctimas, tan sólo actores. Cada persona en la situación está recibiendo exactamente lo que él o ella quiere. Todos están envueltos en una danza de sanación.

13. Ahora me doy cuenta de que lo que tú, *Jeff*, has hecho no es ni bueno ni malo. Ahora soy capaz de soltar la necesidad de condenarte a ti o a otros. Suelto la necesidad de tener razón sobre este asunto y estoy dispuesto a ver la perfección en la situación tal cual es.

Indicaciones: Este paso contradice todo lo que nos han inculcado sobre nuestra facultad para discernir entre el bien y el mal, lo bueno y lo malo. En definitiva, el mundo se divide con estas líneas. Claro que sabemos que el mundo de la humanidad no es más que una ilusión, pero esto no quita que las experiencias humanas necesiten que hagamos estas distinciones en nuestra vida cotidiana. La ayuda que nos brinda este paso es darnos cuenta de que afirmamos que no hay bien ni mal, bueno ni malo, sólo cuando miramos las cosas desde la perspectiva de la gran pantalla divina, la del mundo de la verdad divina. Desde ahí, podemos superar la evidencia propuesta por nuestros sentidos y nuestra mente y ver un propósito y un significado divinos en cada cosa. En cuanto conseguimos esto, podemos comprobar que nada es bueno ni malo: tan sólo es.

Este paso te confronta también con la perfección contenida en la situación y pone a prueba tu predisposición a verla. Aunque nunca resulte fácil ver la perfección o bondad en casos como el abuso a menores, podemos estar dispuestos a ver la perfección incluida en dicha situación, dispuestos a soltar cualquier juicio y la necesidad de tener razón. Aunque siempre cueste mucho reconocer que tanto el maltratador como la víctima de alguna manera crearon su situación para aprender una lección a nivel anímico y que la misión de ambos era transformarla en beneficio de todas las víctimas de abusos, podemos, no obstante, estar dispuestos a considerar tal pensamiento.

Obviamente, cuanto más de cerca nos toque una situación más difícil será ver la perfección en ella, pero verla no siempre significa entenderla. Nos es imposible saber por qué ocurren las cosas, simplemente hemos de tener fe en que están ocurriendo perfectamente y por el supremo bien de todos.

Observa tu imperiosa necesidad de estar en lo cierto. Invertimos mucho esfuerzo en tener razón y ya de niños aprendimos a pelear para tener la última palabra, lo cual habitualmente implica demostrar que el otro está equivocado. Medimos incluso nuestro propio valor por la frecuencia en que tenemos razón. Así, no es extraordinario que nos cueste tanto aceptar que algo tan sólo es, que no es inherentemente ni bueno ni malo. Si llegado a este punto te resulta imposible renunciar a juzgar algo que te parece feo, simplemente vuelve a conectar con tus sentimientos (*véase* el punto 3), vivéncialos y admite que no puedes dar ese paso. No obstante, muéstrate dispuesto a soltar tu juicio. La predisposición es la clave. Esa voluntad produce la impronta energética del perdón radical. Al cambiar la energía, el resto fluye.

14. Estoy dispuesto a considerar que, por la razón que sea, mi misión o contrato del alma incluía tener experiencias como éstas y que tú y yo acordamos bailar esta danza juntos y el uno por el otro en estas vida.

Y que sea para el bien supremo de ambos. Ahora te libero y me libero de ese contrato.

Indicaciones: Esta afirmación nos recuerda uno de los supuestos del perdón radical: que llegamos a la experiencia de la vida con una misión o un acuerdo con el espíritu de hacer ciertas cosas, ser de cierta manera o transformar ciertas energías. Sea cual sea esta misión, sabemos que las experiencias que estamos teniendo son parte y lote del papel que hemos venido a desempeñar. La historia de la princesa Diana es un magnífico ejemplo de ello. Observa que la última parte de la afirmación nos exime de la necesidad de saber cuál es nuestra misión.

15. Libero de mi conciencia todos los sentimientos de ... (*véase* el apartado 2b):

Indicaciones: Esto te permite afirmar que liberas los sentimientos que anotaste en la casilla 2b. Mientras esas emociones y pensamientos permanezcan en tu conciencia, te impedirán apreciar el fallo de percepción que causa el malestar. Si tus sentimientos acerca de la situación aún son intensos significa que sigues invirtiendo energía en dicha fallida percepción: tu creencia, tu interpretación, tu juicio, etc. Procura no condenar este hecho ni intentar modificar tu inversión. Tan sólo percíbelo. Las emociones relacionadas con la situación pueden reaparecer de tanto en tanto y también esto está bien. Tan sólo has de estar dispuesto a sentirlas y luego soltarlas, al menos por el momento, para que la luz de la conciencia pueda brillar a través de ti y te permita ver el error de percepción. Entonces, una vez más puedes elegir ver la situación de un modo diferente.

Liberar las emociones y los pensamientos relacionados con ellas desempeña un papel importante en el proceso de perdón radical. Mientras dichos pensamientos permanezcan operativos, siguen prestando energía a nuestros sistemas caducos de pensamiento; los que crean la realidad que ahora procuramos transformar. Afirmar que soltamos a la vez los sentimientos y los pensamientos asociados inicia el proceso de sanación.

V. Plantear de nuevo la situación

Afirmación del nuevo planteamiento

16. La historia en la casilla 1 era tu historia de víctima, basada en el viejo paradigma de realidad (conciencia de víctima). Ahora intenta llegar a una percepción distinta del mismo acontecimiento (nuevo planteamiento) desde tu nueva perspectiva y tu posición de poder, basadas en las revelaciones adquiridas a lo largo de la plantilla. (Puede ser una afirmación general para indicar que sabes que todo es perfecto o describir elementos específicos de tu situación si consigues ver en qué consiste dicha perfección. A menudo, no lo podrás ver. Ten cuidado con que el nuevo planteamiento no esté basado en términos del mundo de la humanidad. Anota cualquier variación positiva de tono emocional.)

Ahora me doy cuenta de que Jeff sólo estaba reflejando mi creencia falsa de que no soy digna de amor y me hacía el regalo de la sanación. Jeff me quiere tanto que estaba dispuesto a soportar la incomodidad de representar dicha creencia para mí. Ahora veo que recibía todo lo que yo quería para mi propia sanación y que Jeff estaba recibiendo lo que quería para la suya. En este sentido, la situación era perfecta y demuestra el trabajo del Espíritu en mi vida y que soy amada. Todo está en perfecto orden divino y se despliega según un plan divino. Jeff es una bendición en mi vida y doy gracias por él pase lo que pase en el futuro.

AIndicaciones: Si no logras una nueva interpretación específica de tu situación, no es un problema. El replanteamiento del perdón radical puede ser expresado de una forma general, por ejemplo: lo que ocurrió era simplemente el despliegue de un plan divino. Fue propiciado por mi propio yo superior para mi crecimiento espiritual y las personas involucradas estaban realizando una danza sanadora conmigo; en realidad, nada malo sucedió. Escribir algo así es adecuado. Por otro lado, si realmente comprendes cómo fueron las cosas en su sentido perfecto, también lo es.

Lo que NO ayudaría sería que escribieras una interpretación basada en supuestos enraizados en el mundo de la humanidad, como dar razones o atenuantes por los que ocurrieron las cosas. Estarías intercambiando una historia basada en un sistema de creencias por otra e, incluso, pasándote al pseudoperdón. Una nueva interpretación de tu situación te permitirá percibir su perfección desde la perspectiva espiritual y abrirte al regalo que te trae, y te proporcionará un modo de considerar tu situación que revele la mano de Dios o de la inteligencia divina trabajando para ti y demostrándote cuánto te ama.

Nota: Pueden hacer falta varias plantillas de trabajo sobre el mismo tema para llegar a sentir su perfección. Sé absolutamente honesto contigo mismo y trabaja siempre a partir de tus sentimientos. Aquí no hay respuestas correctas ni metas ni grados ni productos acabados. El valor radica en el proceso, en hacer el trabajo. Deja que todo lo que viene se vuelva perfecto y resiste la tentación de corregir y evaluar lo que escribes. Siempre lo harás bien.

VI. Integrando el cambio

17. Me perdono totalmente, *Jill*, y me acepto como ser amoroso, generoso y creativo. Suelto toda necesidad de aferrarme a mis emociones e ideas de insuficiencia y limitación conectadas con el pasado. Rescato mi energía del pasado y quito todas las barreras contra el amor y la abundancia, que son míos ahora. Soy creador de mi vida y, de nuevo, tengo el poder de ser yo mismo, de amarme y apoyarme incondicionalmente tal como soy, poderoso y magnífico.

Indicaciones: Es preciso resaltar mucho la importancia de esta afirmación. Dila en voz alta y permítete sentirla. Deja que las palabras retumben en tu interior. El autojuicio está en la raíz de todos tus problemas y, aunque eliminemos el juicio hacia los demás y les perdonemos, seguimos juzgándonos a nosotros mismos. ¡Incluso nos juzgamos por juzgarnos a nosotros mismos!

18. Ahora me entrego al poder superior que nombro *el universo* y confío en el conocimiento de que esta situación seguirá desplegándose perfectamente y de acuerdo con la orientación divina y las leyes espirituales. Reconozco mi unicidad. Soy restaurado en mi verdadera naturaleza que es amor y ahora restauro amor a *Jeff*. Cierro los ojos para sentir el amor que fluye en mi vida y el gozo que produce el amor sentido y expresado.

Indicaciones: Éste es el último paso del proceso de perdón. No obstante NO te corresponde a ti darlo. Tú sólo afirmas estar dispuesto a experimentarlo y delegas el resto del proceso a tu poder superior. Pide que la sanación sea completada mediante gracia divina y que tú y X seáis restaurados en vuestra verdadera naturaleza, que es amor, y reconectados con vuestra fuente, que también es amor.

Este último paso te proporciona la ocasión de dejar las palabras, los pensamientos y los conceptos y sentir el amor. Cuando llegas a la última línea sólo existe el amor. Si eres capaz de enlazar de verdad con ese amor eres libre y has llegado a casa: no necesitas hacer nada más. Entonces dedica unos minutos a meditar esa afirmación y ábrete a sentir el amor. Quizá tengas que probar ese ejercicio muchas veces hasta sentirlo, pero un día, cuando menos lo esperes, te envolverán el amor y la alegría.

19. Nota de aprecio y gratitud para ti *Jeff*. Después de haber hecho esta plantilla, *ahora veo que hiciste lo que hiciste porque me amas tanto que me obligaste salir de mi victimismo y me ayudaste a soltar mi creencia de que no era digna de amor. Te doy las gracias y me siento agradecida de que estés en mi vida.*

Te perdono totalmente, *Jeff*, porque ahora me doy cuenta que no hiciste nada malo y que todo sigue el orden divino. Te bendigo por estar dispuesto a desempeñar tu papel en mi despertar, gracias, y me honro por estar dispuesta a representar un papel en el tuyo. Te reconozco y acepto tal como eres.

Indicaciones: Empezaste la plantilla de perdón radical confrontando a X. Tus energías probablemente han cambiado desde que empezaste, incluso si el cambio se produjo hace sólo un momento. ¿Cómo te sientes con respecto a X ahora? ¿Qué te gustaría decirle? Date permiso para escribir a ser posible sin pensamientos conscientes y no juzgues tus palabras, deja que te sorprendan.

Al mismo tiempo que reconoces, aceptas y amas a X incondicionalmente tal como él o ella es, reconoces y perdonas la proyección que te hizo ver a X como menos que perfecto. Puedes amar a X ahora sin juzgar porque eres consciente de que es la única manera posible de amar a una persona. Puedes amar a X ahora porque te das cuenta de que la forma en que aparece en el mundo representa la única manera en que él o ella puede ser. Tal como el Espíritu quiso que fuera para ti.

20. Nota para mí mismo

Me amo por seguir mi inclinación y viajar a EE.UU. con John para que Colin pudiera despertarme a la verdad de lo que estaba ocurriendo y me amo por ser fiel a esa verdad.

Reconozco que soy un ser espiritual que está teniendo un experiencia espiritual en un cuerpo humano. Me quiero y me apoyo en todos los aspectos de mi humanidad.

Indicaciones: Recuerda que todo perdón empieza como una mentira. Inicias el proceso sin perdón en tu corazón y lo finges hasta conseguirlo. Hónrate a ti mismo por hacerlo, sé amable contigo mismo y deja que el proceso de perdón te lleve todo el tiempo que necesites. Sé paciente. Reconócete el valor que se necesita tan sólo para intentar completar una plantilla de perdón radical, pues realmente te enfrentas a tus demonios en el proceso. Hacer este trabajo requiere un volumen ingente de coraje, disposición y fe.

La plantilla de perdón radical
Un instrumento para la verdadera transformación de un agravio

(Utiliza más papel si es preciso y para anclar totalmente la transformación, pronuncia todo en voz alta).

Fecha: .... Hoja n.º ....
Sujeto: ....… *(Quién te produce enfado)*

I. Contar la historia
1. La situación que me altera es: ... *(Cuenta la historia completamente desde tu punto de vista de víctima, esto es, desde el viejo paradigma.)*

2a. **Confrontando a X:** estoy molesto/a contigo, ..., porque...

2b. Debido a lo que hiciste o estás haciendo, Me siento: ... *(Identifica aquí tus verdaderas emociones)*

II. Sentir las emociones
Honrando mi propia humanidad
3. Amorosamente reconozco y acepto mis sentimientos y dejo de juzgarlos. Tengo derecho a mis sentimientos.
   Me siento:
   ☐ Dispuesto ☐ Abierto ☐ Escéptico ☐ No dispuesto

4. Mis sentimientos me pertenecen. Nadie puede hacerme sentir nada. Mis sentimientos son un reflejo de cómo yo veo la situación.
Me siento:

☐ Dispuesto   ☐ Abierto   ☐ Escéptico   ☐ No dispuesto

5. Mi malestar era mi señal de que yo estaba reprimiendo amor por mí mismo y por .... juzgándolo/a, teniendo expectativas, deseando que .... cambiara y viendo a .... como menos que perfecto. (Haz una lista aquí de los juicios, las expectativas y los comportamientos que revelan tu deseo que X cambiara.)

III. Colapsando la historia

6. Ahora me doy cuenta que para sentir la experiencia de una forma más profunda, mi alma me ha animado a inflar la historia en torno al evento o la situación, más de lo que parece indicar si considero sólo los hechos. Ahora que esta meta ha sido alcanzada, puedo liberar la energía que rodea mi historia separando los hechos de las interpretaciones que he hecho. (Haz una lista de las interpretaciones e indica el nivel de emoción y apego que te supone cada interpretación en este momento.)

La interpretación que hice con respecto al evento es:	Nivel de emoción ahora
	Alto Medio Bajo Nulo
	Alto Medio Bajo Nulo
	Alto Medio Bajo Nulo

La interpretación que hice con respecto al evento es:	Nivel de emoción ahora	
	Alto Medio	Bajo Nulo
	Alto Medio	Bajo Nulo
	Alto Medio	Bajo Nulo
	Alto Medio	Bajo Nulo

7. Las convicciones negativas profundas que saque de la historia o que la dirigieron (Marca las que procedan) son:

☐ Nunca seré suficiente.
☐ Ser yo mismo es peligroso.
☐ Siempre me sirven el último o me pasan por alto.
☐ Siempre me abandonan.
☐ Decir lo que pienso es peligroso.
☐ Tendría que haber nacido chico/chica.
☐ Por mucho que me esfuerce, nunca es suficiente
☐ La vida no es justa.
☐ No es bueno ser poderoso/tener éxito/ser extrovertido.
☐ No valgo nada.
☐ No tengo mérito.
☐ Debo obedecer o sufrir.
☐ Otros son más importantes que yo.
☐ Estoy solo.
☐ Nadie me amará.
☐ Soy imposible de amar.
☐ Nadie está disponible para mí.
☐ Otras ....

Abriéndonos ahora a un nuevo planteamiento

8. Ahora me doy cuenta de que mi alma me animó a crear esas convicciones para magnificar mi sensación de separación y así sentirla más profundamente en beneficio de mi crecimiento espiritual. Ahora que empiezo a recordar la verdad de quién soy, me doy permiso para soltarlas y mando amor y gratitud a mí mismo y a .... por crear esta experiencia de crecimiento.

   Me siento:

   ☐ Dispuesto   ☐ Abierto   ☐ Escéptico   ☐ No dispuesto

Detectando un patrón y viendo la perfección que contiene.

9. Reconozco que mi inteligencia espiritual ha creado historias en el pasado similares a la presente en cuanto a circunstancias y emociones con objeto de magnificar la emoción de separación que mi alma deseaba experimentar. Ahora lo veo como una evidencia de que, aunque no sepa por qué ni cómo, mi alma creó esa situación para que yo aprenda y crezca. (Haz una lista de historias similares y experiencias emocionales, como en 2b, y coteja los elementos comunes.)

IV. Hacia el nuevo planteamiento

10. Ahora me doy cuenta de que me disgusto sólo cuando alguien activa en mí aquello que no he reconocido, que he negado o reprimido y luego he proyectado en él/ella. Ahora veo que es cierta la frase «Cuando lo ves lo tienes!«. ¡Soy yo en el espejo!

    Me siento:

    ☐ Dispuesto   ☐ Abierto   ☐ Escéptico   ☐ No dispuesto

11. .... está reflejando lo que yo necesito amar y aceptar en mí. Gracias, ..., por ese regalo. Ahora estoy dispuesto a recuperar la proyección y asumirla como parte de mi sombra. Amo y acepto esa parte de mí.

    Me siento:

    ☐ Dispuesto   ☐ Abierto   ☐ Escéptico   ☐ No dispuesto

12. Aunque no lo entienda del todo, ahora me doy cuenta de que tú y yo hemos recibido exactamente lo que ambos elegimos de forma subconsciente y que hemos estado bailando una danza juntos para llegar a un estado de despertar de la conciencia.

Me siento:

☐ Dispuesto   ☐ Abierto   ☐ Escéptico   ☐ No dispuesto

13. Ahora me doy cuenta de que lo que tú, ..., has hecho no es ni bueno ni malo. Ahora soy capaz de soltar la necesidad de condenarte a ti o a otros. Suelto la necesidad de tener razón sobre este asunto y estoy *dispuesto* a ver la perfección en la situación tal como es.

Me siento:

☐ Dispuesto   ☐ Abierto   ☐ Escéptico   ☐ No dispuesto

14. Estoy dispuesto a considerar que, por la razón que sea, mi misión o contrato del alma incluía tener experiencias como éstas y que tú y yo acordamos bailar esta danza juntos en esta vida. Y que todo fuera para el bien supremo de ambos. Ahora te libero y me libero de ese contrato.

Me siento:

☐ Dispuesto   ☐ Abierto   ☐ Escéptico   ☐ No dispuesto

15. Libero de mi conciencia todos los sentimientos de (*véase* 2b):

V. Plantear de nuevo la situación
Afirmación del nuevo planteamiento

16. La historia en la casilla 1 era tu historia de víctima, basada en el viejo paradigma de realidad (conciencia de víctima). Ahora, intenta llegar a una percepción distinta del mismo acontecimiento (nuevo planteamiento) desde tu nueva perspectiva y tu posición de poder, basándote en las revelaciones adquiridas a lo largo de la plantilla. (Puede ser una afirmación general para indicar que sabes que todo es perfecto o describir elementos específicos de tu situación si consigues ver en qué consiste dicha perfección. A menudo no la podrás ver. Ten cuidado con que el nuevo planteamiento no esté basado en premisas del mundo de la humanidad. Anota cualquier variación positiva en tu tono emocional.)

VI. Integrando el cambio

17. Me perdono totalmente, a mí, ..., y me acepto como ser amoroso, generoso y creativo. Suelto toda necesidad de aferrarme a mis emociones e ideas de insuficiencia y limitación conectadas con el pasado. Rescato mi energía del pasado y quito todas las barreras contra el amor y la abundancia que son míos ahora. Soy creador de mi vida y, de nuevo, tengo el poder de ser yo mismo, de amarme y apoyarme incondicionalmente tal como soy: poderoso y magnífico.

18. Ahora me entrego al poder superior que nombro ....
y confío en el conocimiento de que esta situación seguirá desplegándose perfectamente y de acuerdo con la orientación divina y las leyes
espirituales. Reconozco mi unicidad. Soy restaurado en mi verdadera
naturaleza que es amor y ahora restauro amor a ....
Cierro los ojos para sentir el amor que fluye en mi vida y el gozo que
produce el amor sentido y expresado.

19. Nota de aprecio y gratitud para ti, ..., después
de haber hecho esta plantilla, yo, ..., te perdono totalmente, ..., porque ahora me doy
cuenta de que no hiciste nada malo y que todo sigue el orden divino.
Te bendigo por estar dispuesto a representar tu papel en mi despertar, gracias, y me honro por estar dispuesta a desempeñar un papel en
el tuyo. Te reconozco y acepto tal como eres.

20. Nota para mi mismo:

Reconozco que soy un ser espiritual que está teniendo una experiencia espiritual en un cuerpo humano. Me quiero y me apoyo en todos
los aspectos de mi humanidad.

22   Cuatro pasos hacia el perdón

S E TRATA de una adaptación del proceso en tres pasos enseñado por Arnold Patent,[8] y sirve para recordarnos el poder que tenemos de atraer los acontecimientos y las personas que necesitamos para sentir las emociones que nos produce cierto asunto. El proceso sólo ocupa unos momentos y puede, literalmente, salvarte de quedar abducido por el drama del acontecimiento y camino de un largo exilio en Victimlandia.

Cuando algo ocurre y nos sentimos alterados es fácil olvidar todo lo que sabemos sobre el perdón radical. Hasta que sus principios queden firmemente anclados en nuestras mentes, en cuanto un disgusto produzca turbulencias emocionales, nuestra tendencia siempre será activar por defecto la conciencia de víctima El problema es que, una vez ahí, tendemos a quedarnos bloqueados muchísimo tiempo. Sin la perspectiva del perdón radical probablemente te quedarías allí durante años, como la mayoría de la gente suele hacer (*véase* la ilustración de la página siguiente). Sin embargo, si conoces a alguien familiarizado con el perdón radical y reconoce tus síntomas, te invitará a rellenar una plantilla o a escuchar el CD de los 13 Pasos para que recobres la paz. Como verás en el próximo diagrama, cada vez que algo ocurre nos convertimos por defecto en una víctima y nos embarcamos para emprender un largo crucero por Victimlandia. Luego se nos recuerda que quizá todo es perfecto, enton-

---

8   Patent A. M. *You can have it all.* Simon & Schuster, 1995 y *Death Taxes and Other Illusions,* Celebration Publishing, 1989.

ces usamos el método para expresar nuestra disposición a ver la perfección y, finalmente, volvemos a un estado de paz.

Así y todo, el recorrido puede ser muy duro y requerir que alguien acuda al rescate. Un medio de detener la montaña rusa es utilizar el proceso de los cuatro pasos *¡antes* de que tengas que reservar una habitación en Victimlandia! En el diagrama, el proceso de los cuatro pasos está representado por las curvas que no alcanzan la línea en que solemos volvernos inconscientes. Cuando utilizamos ese proceso con naturalidad significa que el perdón radical se ha convertido en nuestro estilo de vida por defecto. Sin la menor duda, ¡mucho más llevadero! Por lo tanto, en cuanto notes que te invade el malestar por algo, incluso cuando te sorprendas emitiendo juicios, sintiéndote en lo cierto o deseoso de cambiar algo en una situación dada, aplica ese proceso para volver a alinear tu estado de conciencia con los principios del perdón radical.

Paso uno: «¡Mira lo que he creado!»

Este primer paso nos recuerda que somos los creadores de nuestra realidad. Lo cierto es que creamos circunstancias a favor de nuestra propia sanación; por lo tanto, no asumas *culpabilidad* por lo que pase. Como somos muy propensos a juzgar, a menudo utilizamos este paso como medio para autoflagelarnos. Pensamos: «¡Mira lo que he creado! Es terrible. Tengo que ser un persona horrible, ¡una anomalía espiritual!». Te lo ruego, no caigas en esa trampa, porque si lo haces, te estás estafando a ti mismo.

Paso dos: «Percibo mis juicios y me quiero por tenerlos»

Este paso reconoce que, como humanos, enseguida ligamos una larga coletilla de juicios, interpretaciones, preguntas y creencias a cualquier situación. Nuestra tarea consiste en aceptar la imperfección de nuestra propia humanidad y amarnos a nosotros mismos por tener esos juicios, incluido el que afirma que, sin duda, debemos de ser un fracaso espiritual por crear esa realidad. Nuestros juicios forman parte de noso-

Ilustración 18. La montaña rusa de Victimlandia.

tros, así que debemos amarlos como a nosotros mismos. Esto nos conecta con lo que realmente está ocurriendo en nuestro cuerpo y nuestra mente, y nos guía hacia el presente mediante nuestros sentimientos. Entonces nuestra energía se transforma rápidamente y nos permite seguir con los pasos tres y cuatro del proceso.

Paso tres: «Estoy dispuesto a ver la perfección en la situación»

El paso de la voluntad es esencial en el proceso del perdón radical. Equivale a entregarse al plan divino en un momento de oración y a estar dispuestos a amarnos a nosotros mismos aunque no seamos capaces de ver directamente ese plan.

Paso cuatro: «Elijo el poder de la paz»

Este paso es una consecuencia de todos los anteriores. Al aceptar que el propósito divino queda servido por la situación y que lo que parece ocurrir puede ser ilusorio, elegimos sentir paz y utilizar el poder de la paz en cualquier acción que realicemos. Hallamos el poder de la paz cuando estamos totalmente presentes en el momento, actuando con lucidez, concentrados en hacer lo que sea preciso y siendo plenamente conscientes de nuestros sentimientos.

Practica los cuatro pasos tan a menudo como te sea posible. Conviértelos en una parte de tu conciencia. Esto te proporciona un medio para estar en el momento presente a lo largo del día. Para ayudarte a convertir ese proceso en una práctica habitual es una buena idea copiar los pasos en una cartulina con formato de tarjeta de visita y llevarlos en la cartera o en el bolso, o pegarlos en la puerta de la nevera.

Nota: El epílogo sobre el 9/11 de la edición anterior, que ilustraba el uso de los cuatro pasos en situaciones de tal magnitud, se encuentra ahora en la sección «Descargas» en www.perdonradical.es (*véase* «Otros recursos»).

23   Reconocer a Cristo en el otro

S I RECONOCES que cierta situación entre tú y otra persona representa una oportunidad de sanar algo en ti, puedes crear la experiencia sanadora situándote totalmente en el momento presente. Una manera de atraer tu energía al momento presente, como contraposición a permitir que tu mente esté centrada en el pasado o en el futuro, es sencillamente que mires a la persona con quien tienes un problema y *veas a Cristo en ella*.

En este sentido, el término Cristo significa la parte del otro que es divina y que es una contigo y con Dios. Al hacerlo, te reúnes con ella y, en aquel mismo instante reconoces a Cristo dentro de ti. Si tienes el reflejo mental de hacer esto, transformarás la situación en el acto.

Cuando nos unimos de verdad con otra persona y nos volvemos uno con ella no tenemos ninguna necesidad de atacar o defendernos. En ese momento de unión, elevamos nuestra vibración, soltamos todos nuestros mecanismos de defensa y nos convertimos en nuestro verdadero yo. Al mismo tiempo, los liberamos de nuestras proyecciones y vemos a la otra persona como a una criatura de Dios, perfecta en todos los sentidos. Ésta es la esencia del perdón radical.

Reconocer a Cristo en nosotros mismos

Es importante reconocer que el mecanismo de proyección no se aplica sólo a nuestro lado oscuro. También proyectamos en otros las cosas que nos gustan de nosotros mismos y que tenemos dificultades en reconocer. Así, vemos en esas personas nuestra propia belleza interior, el propio talento creativo, la propia inteligencia, etc.

El ejercicio de reflejo positivo

Este ejercicio fue diseñado por Arnold Patent. Tiene poderosos efectos en quienes lo prueban porque, en primer lugar, pide que veamos en qué la otra persona es maravillosa y luego reclamemos esa cualidad para nosotros mismos. Conecta verdaderamente a la persona con su propia esencia, con Cristo en ella misma, y le permite ver quién es realmente. El ejercicio se suele hacer en grupo pero se puede realizar entre dos personas. Es similar a ver a Cristo en una persona, pero en lugar de hacerlo en silencio se hace verbalmente y mirándose a los ojos. La persona A dice de corazón a la persona B: «Las cualidades hermosas y maravillosas que veo en ti y que reflejas en mí son…». B escucha y responde diciendo «Gracias». Luego se turnan y repiten el ejercicio, con B hablándole a A.

24 Tres cartas para el perdón

*E*STA HERRAMIENTA consiste en escribir tres cartas a la persona que consideras te ha perjudicado o herido de alguna manera. Funciona de maravilla cuando estás francamente alterado por algo reciente, pero también por cosas que hayan podido pasar hace tiempo.

Airea toda tu ira y rabia en la primera carta; no te reprimas. Puedes amenazar con represalias de la peor especie si esto te alivia y hace que te sientas mejor. Sigue escribiendo hasta que no te quede nada por decir. El proceso de escribir esta carta puede hacer que viertas muchas lágrimas; lágrimas de rabia, pena, resentimiento y dolor. Déjalas fluir. Ten a mano una caja de pañuelos de papel. Si estás enfadado, grita pegado a la almohada o realiza alguna actividad física que te ayude a sentir tu ira.

¡Bajo ningún concepto mandes esa carta!

Al día siguiente, escribe una segunda carta. Ésta debería contener menos ira y arranques vengadores, aunque no libera de la picota a la otra persona con la cual te sientes enojado por lo que consideras te ha hecho. Sin embargo, debería denotar cierto esfuerzo por añadir a la ecuación algún factor de compasión, comprensión y generosidad, así como la posibilidad de algún tipo de perdón. Tampoco mandes esta carta.

Al día siguiente vuelve a escribir una tercera carta. En ella intenta dar una nueva interpretación de la situación basada en los principios del perdón radical. Como esta carta mimetiza la plantilla de trabajo, oriéntate con las notas de ésta para tu carta pero hazlo en tus propios términos lo mejor que puedas (*véase* el capítulo 21). Esto primero parecerá una lucha pero persevera. Recuerda que debes fingirlo un rato hasta conseguirlo.

Ni una sola de estas cartas se envía jamás: mandarlas no es ni necesario ni deseable. Están destinadas a transformar *tu* energía, no la del destinatario. El objetivo es ventilar tus sentimientos en lugar de proyectarlos una vez más en otra persona. El hecho en sí de enviar las iracundas cartas no llevaría a ninguna parte. No haría más que añadir combustible en el ciclo ataque-defensa y te arrastraría aún más a las profundidades del drama. Recuerda que cuando transformas tu energía en el sentido del perdón radical, automáticamente, cambia la energía de la otra persona.

Puedes conservar estas cartas para referencias futuras o utilizarlas en un ritual de perdón. Mi experiencia personal me lleva a preferir el ritual del fuego para transformarlas. Algo poderoso ocurre cuando presencias que tus palabras se convierten en cenizas y se elevan en una columna de humo.

25 Rituales para el perdón

NUESTRA SOCIEDAD contemporánea subestima el poder de los rituales. Cuando ritualizamos un proceso lo sacralizamos, así el ritual habla directamente a nuestra alma. Los rituales pueden ser sencillos o muy elaborados. La sofisticación importa menos que tu reverencia durante el ritual. El ritual invita a lo divino a participar en los asuntos humanos y, como tal, representa una forma más de oración. Los rituales cobran más poder cuando los creamos nosotros mismos. Al diseñar tus propios rituales, sé tan creativo como puedas. No obstante, a continuación te proponemos unas líneas e ideas generales que puedes aprovechar.

Ritual con fuego

El fuego siempre ha sido un elemento de transformación y alquimia. Cada vez que ofrendamos algo por el fuego, conectamos con la fe primordial en su poder transformador. Por este motivo, la combustión ritual de una plantilla de perdón, una carta de liberación o una trilogía de cartas proporciona un sentido de cumplimiento y transformación. Es conveniente llevar a cabo el ritual del fuego con ceremonia y reverencia. Puedes decir una plegaria mientras arden los papeles. Quemar madera de sándalo, salvia, hierochloe odorata e incienso intensificará cualquier ritual y dará un sentido muy especial a una ceremonia de perdón. El humo de la salvia y de la hierochloe odorata limpian además tu aura, eliminando energías indeseables de tu campo energético.

Ritual con agua

El agua posee propiedades sanadoras y purificadoras y le reconocemos la virtud de santificar las cosas. Las abluciones, inmersiones y flotaciones rituales son eficaces. Por ejemplo, en lugar de quemar una carta de liberación, haz un barquito con ella y deja que una corriente de agua se la lleve.

Sé creativo

Sé creativo con tus rituales y procura que tengan sentido para ti. ¿Recuerdas la historia de Jane, con un tumor cerebral, que guardaba en su altillo una caja con todos los objetos relacionados con el hombre que le había roto el corazón? Le pedí que la bajara y trajera a la siguiente sesión. Si no hubiese sufrido una crisis y fallecido antes de que pudiéramos hacerlo, habríamos repasado el contenido de la caja, examinando cada objeto y lo que significaba para ella. Luego los habríamos tratado de uno en uno con un ritual que tuviera sentido para ella. Dicho proceso habría liberado mucha energía reprimida.

26   El perdón artístico

*E*L ARTE ES una poderosa herramienta para que se produzca el perdón y la liberación emocional. Una de las sanaciones a través del arte más espectaculares en la que tuve el privilegio de participar ocurrió durante un retiro que había organizado en Inglaterra. Entre los participantes estaba una mujer joven con esclerosis múltiple. Su cuerpo estaba débil y consumido, y su voz era casi imperceptible. El chakra de su garganta estaba literalmente apagado. Tenía marido y dos hijos, pero el matrimonio era casi inexistente y ella se sentía atrapada, desamparada y desesperada.

En cierto momento de una sesión de arte terapéutico en grupo, empezó a dibujar de un modo muy particular. No podía hablar, pero siguió dibujando y dibujando. Era difícil discernir lo que dibujaba, pero estaba claro que utilizaba esta herramienta para hacer una regresión y liberar un dolor antiguo de la niñez.

JoAnna y yo nos quedamos sentados con ella mientras dibujaba durante horas; sus dibujos cada vez se volvían más infantiles. De vez en cuando soltaba frases como «chica mala» y «Dios no me quiere», y otras palabras que revelaban un profundo sentimiento de vergüenza, culpabilidad y temor. Por último, dibujó un falo que después le permitió recordar la violación de la que había sido víctima cuando no era más que una niña por parte de un tío suyo. Con esa liberación catártica, había sido capaz de expresar con dibujos lo que le había parecido imposible decir con palabras y sonidos. El chakra de su garganta se había cerrado por lo que le habían obligado a hacer con su boca (su tío la había forzado a hacerle una felación). De repente, el arte se había convertido en una vía de salida de recuerdos y emociones que habían permanecido reprimidos durante muchos años. Dichos recuerdos y emociones eran responsables de su enfermedad.

Para apoyar a esta mujer en su catarsis, JoAnna se fue hasta la otra punta de la amplia sala donde hacíamos el taller. Entonces, le pedimos usar su voz para decirle a mi mujer «Soy una buena chica» y «Dios me ama». La animé a decirlo cada vez más alto hasta gritarlo a pleno pulmón. Después de gritar «Dios me ama» una veintena de veces se paró y me miró afirmando: «Me quiere de verdad. ¿A que sí?». Nunca olvidaré aquel momento de sanación.

Al cabo de tres meses viajamos de nuevo a Inglaterra y nos llegó una carta suya diciendo que había dejado a su marido y encontrado un nuevo sitio para vivir y un trabajo. Estaba utilizando su voz, pedía lo que quería y descubría que tenía el poder no sólo de pedir sino también de recibir. Incluso había creado un grupo de apoyo para enfermos de esclerosis múltiple y hacía terapia artística con ellos. Recuperaba fuerzas día tras día y, tres años después, seguimos recibiendo noticias suyas y maravillándonos porque su fuerza sigue aumentando.

Si te cuesta hablar y tampoco te sientes a gusto escribiendo, prueba a dibujar o pintar. Quizá te sorprenda lo que ocurra cuando comuniques de esta forma. Compra grandes formatos de papel blanco y negro y algunos pasteles, tizas y lápices de color (los pasteles funcionan de maravilla sobre papel negro). Ten muy presente que no hace falta tener talento para utilizar esa herramienta. No se trata de pintar bonito. En realidad, si te consume la ira, tus dibujos serán cualquier cosa menos bonitos. De lo que se trata es de proyectar en el papel tus emociones y pensamientos. Empieza sin expectativas ni ideas preconcebidas. Puedes pedir a Dios o a tus guías espirituales que mediante el proceso de dibujar y colorear te ayuden a liberar lo que haga falta liberar y luego, sencillamente, empiezas. Deja salir todo lo que venga. No juzgues. Sigue la corriente. Practícalo como una meditación. Si quieres contar una historia, hazlo. Si sólo quieres manejar colores, hazlo también. Haz lo que realmente sientas y te apetezca.

Para utilizar la terapia artística como herramienta de perdón usa un planteamiento similar al de las tres cartas. Haz una serie de dibujos que expresen cómo te sientes con respecto a lo que cierta persona te hizo. Estos dibujos proyectarán tu ira, temor, dolor, tristeza, etc. Luego progresa hacia una disposición mental más compasiva y haz unos dibujos que reflejen esa actitud. Haz una tercera serie que exprese el sentimiento de perdón radical. Tal vez, quieras dejar pasar tiempo entre cada fase o hacerlas todas de una vez. Asegúrate, sin embargo, de completar las tres etapas aunque sólo hagas tres dibujos en total. Si paras después de la primera, por ejemplo, te quedarías bloqueado en la ira.

A medida que termines los dibujos y, respetando el orden en que los has realizado, cuélgalos en la pared en una tira horizontal o vertical. Si es vertical, coloca el más iracundo abajo y sube colocando el último de perdón radical arriba. Al disponerlos así te quedarás maravillado de cómo cambia la calidad de la energía expresada por cada imagen. Pon título y fecha a cada dibujo. Pasa algún tiempo con ellos, deja que te hablen. Mientras los llevabas a cabo tenías ciertos pensamientos; al mirarlos luego borra esos pensamientos de tu mente y examina los dibujos en busca de cualquier otra cosa significativa. Invita a otras personas en quien confías a darte sus propias interpretaciones. Se les pueden ocurrir cosas que a ti no se te ocurrirían. Pídeles que contribuyan preguntándoles: «Si fueran tus dibujos ¿qué verías?». Si lo que ven te suena, perfecto; si no, también es perfecto. Ellas ven tus dibujos a través de su propio subconsciente, no el tuyo, pero descubrirás que las observaciones de los demás activan en ti una manera totalmente nueva de mirar tus imágenes y puede que, como resultado, obtengas nuevas formas de comprensión.

27 Trabajo de respiración Satori

*T*AL COMO YA hemos dicho, las emociones suprimidas o reprimidas tienen efectos tóxicos en nuestra salud mental y física. Liberar esas emociones es el primer paso del proceso de perdón. Es posible liberar emociones retenidas de la manera más rápida y eficaz mediante un proceso llamado respiración Satori («Satori» es una palabra japonesa que significa comprensión o despertar). Este trabajo se suele realizar tendido de espaldas y respirando a conciencia según un patrón circular. En otras palabras, respiras conscientemente sin pausa entre la inhalación y la exhalación al son de una selección musical especial a gran volumen durante todo el proceso. Hay que respirar durante 40 o 60 minutos con la boca abierta, de modo a veces largo y profundo hasta el abdomen y otras veces rápido y superficial en la parte alta del pecho. Esto oxigena de tal manera el cuerpo que libera de sus células la emoción suprimida y cristalizada en partículas de energía. A medida que dichas partículas se liberan, uno a menudo toma de repente conciencia de aquellos viejos sentimientos.

Los sentimientos pueden expresarse como emoción pura: tristeza, ira o desesperación, sin conexión con ningún recuerdo asociado. Por su lado, el recuerdo de un evento, idea, asociación o percepción defectuosa, causante de la emoción sentida y suprimida en su momento puede emerger con fuerza en la conciencia. También puede salir a la superficie en forma simbólica o como una metáfora. Para cada persona y en cada sesión de respiración, la experiencia es diferente e imposible de predecir.

A medida que las emociones afloran, la persona respira *a través* de ellas, lo cual no sólo le permite sentirlas plenamente sino también liberarlas. A menudo, dejamos de respirar para controlar las emociones, por lo tanto, respirar a través de ellas nos permite sentirlas y liberarlas. En ciertos casos, la persona las expresa verbal y quinestésicamente mientras respira. No importa la forma en que se liberen las emociones, casi siempre el resultado obtenido gracias a este proceso es una sensación de calma y de paz profunda.

Esta técnica sencilla tiene efectos sanadores contundentes a largo plazo. No dudo en recomendar este trabajo a quien desee seriamente limpiar a fondo su armario emocional (*véase* «Otros recursos»).

Los efectos del trabajo de respiración Satori son profundos precisamente porque se producen dentro de la persona, sin órdenes ni guía ni dirección ni manipulación alguna por parte del facilitador. De hecho, éste sólo se encuentra ahí para asegurar el lugar y sostener al respirador que experimenta sus emociones, a veces inquietantes, en lugar de volver a suprimirlas. Por este motivo, no recomiendo que hagas este proceso solo.

La respiración conectada con la conciencia también es llamada renacimiento *(rebirthing)* porque los investigadores han descubierto que trabajar la respiración nos da acceso a los recuerdos y las emociones que se asentaron en nuestras células incluso desde el útero materno, en el mismo parto e inmediatamente después de nacer. El nacimiento representa nuestro primer gran trauma en la vida y nos formamos profundas ideas de lucha, abandono o seguridad y aceptación mientras pasamos por esa experiencia. Dichas ideas se convierten a menudo en creencias que dirigen literalmente nuestra vida. Cuando alguien vuelve a experimentar su nacimiento y libera los traumas y creencias que formó en aquel momento, su vida cambia de forma radical. Otro gran beneficio del trabajo de respiración Satori viene del hecho de que fomenta la integración de nuevos patrones de energía en nuestros campos energéticos ya existentes y, conforme a ello, reestructura nuestro cuerpo sutil. Esto significa que cuando cambias de percepción, comprendes algo o liberas viejos patrones emocionales, el trabajo de respiración lo integra en la base de datos de tu cuerpo. Usando una analogía con las computadoras, es como si el trabajo de respiración sirviese de proceso de descarga en el que los datos hasta ahora almacenados en la memoria temporal son transferidos al disco duro para su almacenamiento permanente.

Esto también explica por qué el trabajo de respiración Satori se convierte en un elemento tan importante en el proceso del perdón radical. Cumple con su tarea no sólo al principio del proceso con fines de liberación emocional, sino también después, cuando nuestro sistema de creencias se modifica y los cambios resultantes en nuestros campos de energía necesitan ser integrados. El proceso de integración ancla los cambios en nuestro cuerpo y ayuda a prevenir recaídas en viejos procesos.

Recomiendo de diez a veinte sesiones supervisadas de respiración en un período de tiempo aproximado de un año. Después, podrás realizar el proceso sin ayuda.

28 La carta de liberación

*L*A CARTA DE liberación de la página siguiente es una adaptación de la que me proporcionó el hipnoterapeuta y terapeuta cuerpo-mente, el Dr. Sharon Forest de la Forest Foundation, entidad sin ánimo de lucro dedicada a la sanación alternativa y holística, con sede en México.

La carta de liberación anuncia a tu yo superior y a cada parte de tu ser que das tu permiso para que cualquier aspecto de no-perdón pendiente en cualquier situación sea liberado. Asimismo sirve de instrumento para el autoperdón, pues reconoce que has creado las experiencias como medios para aprender y crecer.

Puedes fotocopiar la carta de la página siguiente tal cual y ampliarla o descargarla de la sección «Herramientas» en www.perdonradical.es. Para utilizarla, rellena los espacios en blanco, haz que algún testigo la vea y luego quémala en un ritual.

Fecha: .... Nombre: ....

Querido yo superior:

Mi yo superior, mi alma, mi mente consciente superior, mi ADN, mi memoria celular y toda parte de mí mismo que pudiera querer mantenerse en el no-perdón por la razón que sea, yo, ..., mediante esta carta os autorizo a liberar todos los malentendidos, creencias infundadas, malas interpretaciones, emociones desorientadas, estén donde estén, ya sea en mi cuerpo, mi mente inconsciente, mi ADN, mi mente consciente, mi mente subconsciente, mis chakras e incluso en mi alma, y pido que todos los que quieren lo mejor para mí colaboren en este proceso de liberación.

Yo, ..., te doy las gracias alma mía por crear esas experiencias que instauraron el no-perdón y me doy cuenta de que a cierto nivel todas han sido mis maestras y me han propuesto oportunidades de aprender y crecer. Acepto las experiencias sin juzgar y aquí las suelto hacia la nada de donde proceden.

Yo, ..., por la presente, perdono a ...., le remito a su mayor bien y le dejo libre. Le bendigo por su disposición en ser mi maestro. Yo suelto cualquier apego insano hacia esta persona y le mando amor incondicional y apoyo.

Yo, ..., por la presente, me perdono a mí mismo, me acepto y me amo incondicionalmente tal como soy, poderoso y magnífico.

Yo, ..., por la presente, invoco mi bien supremo y reclamo para mí la libertad, el cumplimiento de mis sueños, de mis deseos y de mis metas, lucidez, amor, expresión total, creatividad, salud y prosperidad.

Firmado: .... Fecha: ....
Nombre del testigo: .... Fecha: ....

29 La rosa del perdón

CUANDO ABRIMOS nuestro corazón a otras personas nos volvemos vulnerables y corremos el riesgo de convertirnos en diana de sus proyecciones. Su energía psíquica puede mezclarse con la nuestra y reducirla.

Cuantos más talleres realizo, más cuenta me doy de que en muchos casos el problema que la gente parece tener con otra persona proviene de que ésta posee la habilidad de penetrar y manipular su campo de energía. Al parecer, en casi todos los casos, la persona con la que tienen el problema penetra su tercer chakra, donde se almacenan los asuntos de poder y control y, una vez ahí, le resulta fácil controlar al otro, absorbiendo su energía o descargando la suya a voluntad. Evidentemente, todo esto se realiza de manera subconsciente y, se supone, sin malicia. No obstante, puede resultar agotador para la persona manipulada y producir grandes tensiones en la relación.

Probablemente, no te sorprenderá saber que lo más habitual es que sea la madre de la persona quien esté invadiendo y controlando, incluso desde la tumba. También puede ser el padre, la pareja o cualquier otra persona que desee controlar de alguna manera la vida del otro, pero a menudo es la madre.

La manera más fácil para ti de poner término a esto o prevenir que ocurra con nuevas personas es, simplemente, colocar entre tú y ellos una rosa imaginaria. Se trata de un dispositivo de protección que tiene un poder sorprendente.

Ilustración 19. La rosa.

La rosa figura como símbolo de protección psíquica en numerosos textos esotéricos. Por la razón que sea, tiene mucho poder por ser el símbolo universal del amor. Visualizar una rosa te protege frente a las proyecciones de los demás, y bloquea la energía negativa sin que cierres tu corazón al otro. No puedo explicar por qué el trabajo de visualización de la rosa funciona tan bien para el caso, y podemos crear protección psíquica con cualquier otro tipo de visualización porque así creamos la intención de autoprotección. Sin embargo, la rosa se ha utilizado durante siglos para ese menester y, por lo visto, funciona mejor que otros símbolos.

Así que, de ahora en adelante, cada vez que te cruces con alguien y no quieras que su energía se mezcle con la tuya, visualiza la rosa al límite de tu aura o a media distancia entre tú y el otro. Observa entonces si te sientes de otra manera en su presencia. Deberías tener una percepción mucho más nítida de tu propio espacio psíquico y de tu identidad y, al mismo tiempo, estar totalmente presente para el otro. No es imprescindible encontrarse en presencia de otro para que controle tu energía; por lo tanto, es una buena idea colocar tu rosa incluso cuando hablas por teléfono.

30   Velatorio para el niño interior

N<small>UESTRA EVOLUCIÓN</small> espiritual depende mucho de que nos recupe-remos de nuestra peor adicción, la del arquetipo de víctima que nos mantiene atrapados en el pasado y mina nuestra energía vital. El niño interior no es otra cosa que una metáfora de nuestro apego a las heridas y una conciencia de víctima muy resultona. Envolver a nuestra conciencia de víctima con pañales no la vuelve más aceptable. Invocar a nuestro niño interior no deja de ser un comportamiento adictivo.

No me refiero al niño interior, juguetón, creativo y vital como el que describe Richard Bach ni a la parte nuestra que camina por delante para inspirarnos y despertarnos. Estoy hablando del pequeño mocoso llorón que vive en el sótano de nuestra mente, esa víctima infeliz en la que po-demos confiar para culpar a todos los demás de nuestra infelicidad. Éste estaba en el centro de los chismorreos en todos los talleres sobre el niño interior de los años ochenta.

En beneficio de nuestra evolución espiritual y nuestra liberación final del arquetipo de víctima, tenemos que acabar amorosamente con la vida del mocoso interior. A este fin, propongo que realices un funeral y pro-clames su muerte.

Si quieres seguir adelante con este ejercicio, puede que sientas la pér-dida de tu niño interior y esto está muy bien. Sin duda, te ha proporcio-nado consuelo y comodidad en tu dolor durante años pero es hora de avanzar. El perdón radical te libera de la necesidad de aferrarte a tu ser herido, así que date permiso para soltar a tu niño interior ahora.

Mientras sigas aferrado a tus heridas pasadas, el perdón radical es imposible de lograr. Agarrarte a tu niño interior representa tus heridas pasadas. Cuando quieras seguir adelante con tu vida, quizá te sorprenda descubrir que tu niño interior ¡también quiere hacer lo mismo! Para soltarlo prueba la meditación que describo a continuación.

Meditación funeral

Siéntate cómodamente y respira hondo tres veces, permite que tu cuerpo se relaje mientras espiras. Presta atención a cualquier área de tu cuerpo que permanezca tensa. Relájala a conciencia, a sabiendas que durante esta meditación tu cuerpo seguirá relajándose con cada respiración y, pronto, estará profundamente distendido desde la cabeza a los pies. Ahora, mira dentro de ti y localiza la habitación donde está sentado el niño que voluntariamente ha portado tu dolor. Encuentra al niño interior que conserva los recuerdos de haber sido maltratado, ignorado, traicionado, abandonado, rechazado o mal amado.

Al toparte con esa personita en aquel cuarto, comprueba si está rodeada de listas, libros de contabilidad, gráficos y marcadores. Las paredes del cuarto están empapeladas con nombres de personas, lo que te hicieron y los castigos que considerabas merecen. En los libros, el niño lleva la cuenta de todas las veces en que alguien te victimizó y lo que te costó.

Percibe la ausencia de alegría ambiental. Mientras miras al niño, nota lo triste que se siente de verdad encerrado ahí abajo, solo con el dolor, reflejado en la conciencia de víctima.

Sensible al hecho de que es hora de cambiar, cruza el cuarto y abre las ventanas de par en par para que entren los rayos del sol y con ellos mira cómo palidece la tinta en las listas y los libros se convierten en polvo. Contempla a la personita que ha vivido aquí durante todos esos años, registrando notas de resentimiento día tras día; mira su sonrisa y su expresión alegre.

—Ahora soy libre de irme —dice el niño.

—¿Ir adónde? —contestas.

—Soy libre de ir al próximo lugar. Tenía que haberme ido hace años pero estaba esperando a que vinieras a librarme de este trabajo.

De repente, te das cuenta de que esa persona, joven y de aspecto juvenil hacía tan sólo un rato ahora está creciendo, envejeciendo y su aspecto se torna sabio y canoso ante de tus ojos. Una gran paz ha sustituido su tristeza.

—Gracias por dejarme marchar –dice sin aliento y dejándose caer lentamente en un sofá.

Ahora tú dices:

—Siento haber tardado tanto en dejar entrar la luz en este cuarto. Siento haberte retenido.

—Está bien –contesta con calma–. Está bien. Al fin y al cabo, el tiempo es sólo una ilusión. Adiós.

Dicho esto, la personita muere en paz y serena. Con amor, la envuelves en un lienzo blanco y la llevas en brazos hacia la luz. Un caballo que tira de un carruaje fúnebre espera allí y los ángeles revolotean cerca cantando dulcemente. Todas las personas que han estado en tu vida en algún momento esperan para presentar sus respetos. Todas las heridas pasadas son perdonadas. El amor está por todas partes. Las campanillas del carruaje tintinean mientras la comitiva le sigue hacia la tumba que ha sido preparada. En el cementerio, todos cantan y la alegría envuelve el grupo. Tus ángeles están contigo y te apoyan mientras dices tu último adiós. Ves cómo hacen descender a la personita con cariño y suavidad en la tumba mientras los coros celestiales cantan. Cuando colocan la losa en la tumba, sientes que te recorre una nueva sensación de libertad y amor.

Caminas colina abajo y te encuentras con un arroyo. Lavas tu rostro y tus manos en el agua y ves tu reflejo. ¡Siente cómo el agua purificadora del arroyo inunda tu cuerpo y se lleva todo el polvo y los restos del cuarto que habitó alguna vez la personita! Oye el sonido del agua chapoteando sobre las rocas. Contempla los reflejos del sol en el agua y siente su calor en tu cuerpo. Mira la verde campiña a tu alrededor y las flores de intensos colores. Todo está bien.

Abre los ojos cuando estés listo. Sin tu niño interior herido te sentirás raro durante un tiempo pero también empezarás a notar cambios positivos. Te sentirás más ligero, menos cargado, más presente en el ahora. Tu energía vital aumentará, pues habrás recuperado la que estaba ocupada en mantener las heridas del niño interior. Debes estar preparado porque tendrás problemas con amigos íntimos con los que antes pasabas tiempo compartiendo heridas. No les gustará ese cambio en ti porque verán que ya no concedes poder a tus heridas. Como ellos siguen comprometidos con las suyas se sentirán incómodos en tu presencia, incluso puede que piensen que les has traicionado. Si formas parte de un grupo de apoyo, como asociaciones de hijos de alcohólicos o supervivientes de incesto, prepárate a desconectar del grupo. En todo caso, es probable que sientas que tu necesidad de atender reuniones de grupo disminuya. Pero si sigues siendo mínimamente codependiente, dejar el grupo puede ser todo un reto. Mantente en tus treces y no te tomes como algo personal que los demás intenten desconectar de ti o hablen de traición. Esas personas, al final, irán a tu encuentro y, quizá, quieran saber más de lo que perciben de ti y de lo que has conseguido.

Conclusión

Doce años han pasado desde la primera edición de este libro y he llegado a la conclusión de que el perdón radical es mucho más que un simple proceso de perdón, es más grande de lo que nunca habría imaginado. Desde el principio, he sido consciente de que el perdón radical nunca ha sido un asunto de perdón en sí, al menos no un perdón como estamos acostumbrados a concebirlo. Ciertamente, es un medio alternativo de perdón más rápido y eficaz que otras formas de perdón, pero también es algo infinitamente más grande, más global y revolucionario. Es nada menos que una idea difícilmente abarcable para la mente. Hace añicos nuestras ideas actuales sobre la realidad y cuestiona nuestra visión del mundo. Nos invita a emprender un proceso que tiene raíces en la realidad de la cuarta dimensión que por el momento no comprendemos. Tampoco tenemos muchas pruebas de su eficacia, salvo la evidencia consciente de lo mucho que cambiamos en cuanto lo emprendemos (si has rellenado una plantilla de trabajo, sabes de lo que estoy hablando). Nos invita a poner en suspenso nuestra manera habitual de pensar acerca de nosotros mismos y de relacionarnos con el mundo en general, y a abrirnos a la posibilidad de que podemos empezar a operar desde esa nueva realidad incluso antes de saber lo que es o cómo funciona, simplemente con estar dispuestos a hacerlo.

Pero el regalo realmente extraordinario que el perdón radical ofrece a la humanidad reside en su capacidad de servir de puente. Un puente que nos permite deambular con libertad y facilidad, sin saberlo, entre las realidades de la tercera y de la cuarta dimensión. Un puente que nos da la capacidad de operar desde la vibración de amor de la cuarta dimensión y, al mismo tiempo, de existir físicamente en la tercera.

Un puente así es necesario porque, aunque muy en el fondo sepamos que la realidad de la cuarta dimensión está basada en el amor, la paz, la unidad y la alegría y deseemos desesperadamente llegar allí, nos aterra la idea de soltar lo que nos es tan familiar. Así es, a pesar de que la actual sea una realidad basada en el miedo, la separación y el dolor. Nuestra duda es real y está profundamente asentada: ¿Y si salto al vacío y después de todo descubro que la otra realidad no existe?

Así, mientras la técnica del perdón radical parece ocuparse ostensiblemente de ayudarnos a perdonarnos y a perdonar a los demás, su propósito real es brindarnos una oportunidad de *entrenarnos* a esa otra realidad y, al mismo tiempo, permanecer en la feliz ignorancia de nuestra real presencia en ella. Nos arrulla con el pensamiento de que tan sólo estamos rellenando una plantilla de perdón o utilizando cualquiera de los demás procesos, pero sin darnos cuenta, estamos cruzando el abismo que separa las dos dimensiones y operando en la realidad de la cuarta. Gracias a las cortinas de humo, los espejos y la bendita ignorancia, nuestro ego recorre feliz todo el proceso.

Como en todos los ámbitos, cuanto más practicamos una cosa menos nos asusta. Cuando llegue el momento del cambio, que considero inminente, estaremos tan acostumbrados a sintonizar con la realidad basada en el amor (gracias al uso del perdón radical), que todos nuestros temores acerca de dar el último salto se habrán evaporado.

Esto me lleva a una pregunta que la gente hace a menudo al término de mis talleres. «¿Cómo puedo permanecer en la vibración del perdón radical y no ser arrastrado de nuevo a la conciencia de víctima por el mundo que me rodea?». La respuesta es sencilla: utiliza regularmente las herramientas. Cuanto más practicamos el perdón radical, más nos anclamos en la realidad de la cuarta dimensión y, por lo tanto, cada vez es menos probable que elijamos volver a la tercera dimensión. En última instancia, se convertirá en nuestra manera de ser por defecto y nos habremos estabilizado del todo en el nivel de vibración superior.

Aun así, esta pregunta tiene un aspecto mucho más profundo del que igualmente debemos hablar. Para continuar utilizando las herramientas con el fin de actuar en la realidad de la cuarta dimensión y elevar nuestra vibración, tenemos que mantenernos alertas.

En la ilustración de la montaña rusa comprobamos que si nos alteramos tanto que superamos el umbral que señala a la vez la pérdida de conciencia espiritual y la entrada a Victimlandia, tenemos un serio problema. El resultado es una disminución drástica de nuestro nivel vibratorio y la pérdida de conciencia de la nueva realidad recién encontrada. Estamos de vuelta en el mundo de la separación y de la realidad basada en el miedo y, de nuevo, en las garras del ego. En este punto, lo último que se nos ocurre es rellenar una plantilla o escuchar el CD de los 13 Pasos. En resumidas cuentas, estamos perdidos.

Hoy en día considero que este fenómeno no es únicamente un retroceso en el que las personas pierden lo que consiguieron gracias a la experiencia del perdón radical, tal como el tema de la recaída en la conciencia de víctima parece sugerir, sino además un obstáculo para que se cumpla la misión de crear un mundo de perdón para el año 2012. Como sabes, para propiciar el despertar se necesita un número crítico de personas con un nivel de conciencia lo suficientemente elevado como para compensar las multitudes que mantienen la suya en un nivel bajo. Por lo tanto, es crucial que todos los que han conseguido elevar su nivel de vibración (por ejemplo al leer este libro) permanezcan alerta y comprometidos con el proceso que les lleva a cruzar el puente.

Hasta ahora mi primera meta al usar el perdón radical ha sido la sanación de nuestras heridas y bloqueos de energía a fin de mejorar nuestra vida. No lo he restringido al trabajo con individuos porque he comprobado que es una técnica igualmente poderosa para sanar comunidades. Trabajar en Australia me dio la oportunidad de practicarlo en el contexto del movimiento de reconciliación que se está dando entre australianos blancos y aborígenes, unidos para sanar su terrible pasado. Allí escribí y publiqué un libro titulado *Reconciliación mediante el Perdón Radical, una técnica espiritual para sanar comunidades*. Este libro fue diseñado para proporcionar a todo australiano deseoso de reconciliación la técnica espiritual para llevarla a cabo. Algo que se pudiera utilizar en casa, la escuela y las comunidades. Actualmente hago lo mismo para empresas.

Por supuesto, este trabajo seguirá desarrollándose. No obstante, mis colaboradores y yo mismo en el Instituto para el Perdón Radical estamos divulgando este planteamiento para ayudar a la gente no sólo a mantener el elevado nivel de vibración obtenido en el transcurso de una experiencia de perdón radical, sino a elevarlo al más alto nivel posible, para que no haya vuelta atrás. Para ello hemos creado una serie de programas de potenciación radical destinados a capacitar a las personas para operar desde un nivel de vibración más alto que lo normal y, para que en lugar de ser el *efecto* dentro de un mundo de causa-efecto, se conviertan en *causa* de sus propias vidas. La potenciación radical es una combinación de perdón radical, para limpiar el pasado y tratar eficazmente el presente, y de manifestación radical, para crear el futuro. Esto nos da la fórmula:

Poder radical = Poder radical + Manifestación radical

Así potenciados, se volverán capaces de manifestar fácil y rápidamente lo que quieren.

Con respecto a esto, una de las claves de nuestro poder espiritual, crucial para mantener nuestra conexión con la vibración de perdón radical, es el desarrollo sistemático de esa parte de nuestra conciencia conocida como el Observador. Es nuestra parte autoconsciente, capaz de presenciar u observar a toda la comunidad de yos que llevamos dentro. Desde su aventajado punto de vista, fuera o separado de nosotros, podrá, si se le entrena para ello, detectar cuándo perdemos la conciencia. Entonces, tomará medidas para que volvamos, recordándonos de hacer el proceso de los 4 Pasos o escuchar los 13 Pasos. Un Observador entrenado nos mantendrá apartados de Victimlandia, libres y siempre capaces de elegir en nuestra vida.

Inevitablemente surge otra pregunta: «¿Cómo puedo aplicar eficazmente el método del perdón radical en todas las áreas de mi vida?».[9]

---

9   El autor recomienda varios programas online, talleres, etc. actualmente sólo disponibles en inglés. Recomendamos visitar el sitio www.perdonradical.es para estar al corriente de las novedades en castellano. *(N. de la T.)*

Cuando hayas integrado el modelo del perdón/manifestación radical en tu conciencia y desarrollado tu Observador hasta un grado razonablemente alto, empezarás a utilizar con naturalidad el perdón radical en todos los aspectos de tu vida. Lo contrario sería de extrañar.

La tercera pregunta que surge en cuanto las personas reconocen el potencial de este trabajo para marcar una diferencia en el mundo y ven en ellas mismas la posibilidad de llevar a cabo un trabajo espiritual significativo es: «¿Cómo puedo compartir esto con otras personas para que conozcan ese poderoso trabajo y reciban los mismos beneficios que yo?».[10]

Una manera de contestar esta pregunta es subrayar que el perdón radical es un fenómeno que se extiende de boca en boca. Cuando en 1997 publiqué por primera vez el libro, recibí una carta del propietario de una de las mayores librerías independientes de Atlanta. Me decía que notaba que la gente compraba un ejemplar y una o dos semanas después volvía para comprar seis más para sus amigos. Escribió: «Sólo he visto este fenómeno con otros dos libros, *Las profecías de Celestina* y *Conversaciones con Dios*, dos best sellers». No estoy sugiriendo que salgas a comprar seis libros más para regalarlos, pero puedes contribuir de una forma muy valiosa hablando del perdón radical a tus amigos. Hoy en día, lo más práctico quizá sea enviar un correo electrónico a los contactos de tu libreta de direcciones que podrían estar interesados.

¡Ahí lo tienes! ¡El perdón radical salió finalmente del armario! Ha llegado como disfrazado de medio sencillo para sanear tu vida (por supuesto lo es), pero ahora se ha descubierto como un poderoso método que, además de sanar tu vida y eliminar bloqueos de energía, viene a ayudarte a elevar de manera considerable tu nivel de vibración, a despertarte del todo y apoyarte para que te conviertas en un ser espiritual poderoso, capaz de pasar con soltura de la realidad de la tercera dimensión a la de la cuarta e, incluso, la quinta.

---

10 Aquí, el autor presenta los distintos programas en inglés que permiten formarse como coach, es decir, instructor, acreditado por el Instituto para el Perdón Radical. *Véase* nota anterior. *(N. de la T.)*

También es un medio para cada uno de nosotros, como individuos y como colectivo, de marcar una diferencia significativa en el mundo. A medida que se incremente nuestro nivel de vibración, se nos pedirá hacer más por ayudar a los demás y prepararnos para el gran despertar.

Gracias por acompañarme en este viaje. Son muchas las expectativas por las cuales apasionarse y me siento agradecido de que así hayas entrado a formar parte de mi vida.

Namasté
COLIN TIPPING

Otros recursos

Existen en inglés libros, programas de audio, vídeos y cursos online. Te invitamos a consultar la página www.perdonradical.es regularmente para estar al corriente del material que estamos traduciendo progresivamente al castellano así como para conocer los coaches disponibles y el calendario de eventos con ceremonias de perdón y otras actividades.

Acerca del autor

Nacido en Inglaterra en 1941, Colin creció durante la guerra y la posguerra en el seno de una modesta familia obrera. Tiene un hermano mayor y una hermana menor, a quienes conocerás en el capítulo I, «La historia de Jill». Sus padres eran personas buenas, amorosas y trabajadoras, y él se considera afortunado por vivir una infancia estable y agradable a pesar de las dificultades sociales de la época.

Desde muy joven era una persona que inspiraba confianza, y la gente ya solía a contarle sus sentimientos porque sabía escuchar sin juzgar. Más tarde, después de servir cuatro años en la Royal Air Force, fue profesor de escuela primaria y secundaria, y seguían dirigiéndose a él en busca de consejo. Se casó dos veces. Tiene tres hijos de su primer matrimonio. En 1984 se estableció en Estados Unidos y, al poco tiempo, se diplomó como hipnoterapeuta clínico. Le gustó la hipnosis porque con la experiencia comprobó que así las terapias duraban una tercera parte de su tiempo habitual. No era creyente entonces y aún hoy se considera libre de cualquier tipo de dogma religioso organizado. Su espiritualidad es esencialmente práctica, realista, sencilla, libre y abierta.

En 1992, junto con su tercera esposa JoAnna, a quien conoció en Atlanta y con quien se había casado en 1990, Colin organizó retiros de sanación para enfermos de cáncer en las montañas al norte de Georgia. Ambos comprobaron que la carencia de perdón es una de las principales causas del problema y empezaron a diseñar una nueva forma de perdón que, más adelante, se convertiría en lo que ahora se llama Perdón Radical. A diferencia del perdón tradicional, que precisa muchos años y se considera muy difícil de lograr, tenía que ser rápido, fácil de llevar a cabo, sencillo y sin terapia.

En 1997, Colin escribió la primera edición de este libro y empezó a realizar talleres en enero de 1998. Hoy en día cuenta con su propio Instituto para el Perdón Radical en Estados Unidos, Australia, Polonia y Alemania. Afirma que nunca se jubilará.

Índice